MARCELO RODRIGUES

SONHOS
DE ALUGUEL

CB045876

Literare Books
INTERNATIONAL
BRASIL · EUROPA · USA · JAPÃO

Copyright© 2022 by Literare Books International.
Todos os direitos desta edição são reservados à Literare Books International.

Presidente:
Mauricio Sita

Vice-presidente:
Alessandra Ksenhuck

Diretora executiva:
Julyana Rosa

Diretora de projetos:
Gleide Santos

Relacionamento com o cliente:
Claudia Pires

Foto da capa:
Marcela Vaz

Capa, projeto gráfico e diagramação:
Gabriel Uchima

Revisão:
Margot Cardoso e Sérgio Nascimento

Consultoria de escrita Central de Escritores:
Rose Lira, João de Almeida Neto,
Pedro Castellani e Gabriella Maciel Ferreira

Impressão:
Gráfica Paym

Dados Internacionais de Catalogação na Publicação (CIP)
(eDOC BRASIL, Belo Horizonte/MG)

R696s Rodrigues, Marcelo.
   Sonhos de aluguel / Marcelo Rodrigues. – São Paulo, SP: Literare Books International, 2022.
   16 x 23 cm

   ISBN 978-65-5922-382-4

   1. Sonhos. 2. Autoconhecimento. 3. Técnicas de autoajuda. I.Título.
   CDD 158.1

Elaborado por Maurício Amormino Júnior – CRB6/2422

Literare Books International.
Rua Antônio Augusto Covello, 472 – Vila Mariana – São Paulo, SP.
CEP 01550-060
Fone: +55 (0**11) 2659-0968
site: www.literarebooks.com.br
e-mail: literare@literarebooks.com.br

MARCELO RODRIGUES

SONHOS
DE ALUGUEL

Dedico este livro primeiramente a Deus, pois sem Ele nada disso seria possível. Toda honra e toda glória sejam dadas a Ele.

A minha esposa Sabrina, que sempre me acompanhou em todos os meus sonhos prováveis e improváveis e às minhas filhas Luana e Ludmila, que são minha fonte de energia para eu não parar.

AGRADECIMENTOS

Agradeço a minha família de sangue e a de coração por tudo o que já vivi até aqui; e, lógico, não poderia esquecer dos meus amigos, que acenderam novamente este sonho em meu coração.

Ao meu amigo Zé André, que, em uma noite de pizza em sua casa, quando pude conversar e contar um pouquinho da minha história, falou: "Sua história dá um livro, amigo, por que você não escreve?". Naquela hora ele não sabia, mas eu já trazia esse desejo guardado em meu coração – um sonho adormecido, na verdade. E ali Deus o usou para reacender, acordar essa vontade que eu cultivava em segredo há anos. Muito obrigado pela sua amizade, amigo.

E ao outro grande incentivador e amigo querido Alexandre Isquierdo, que em uma conversa, ao escutar minha história de vida, deu o mesmo conselho: "Sua história dá um livro, amigo. Você pode incentivar várias pessoas com ela". Era a confirmação que eu tanto sonhava. E ali mesmo, naquela sala, em uma entrevista numa rádio, ele me apresentou às pessoas certas que iriam me ajudar a concretizar este mais novo sonho.

Wellington Júnior e Claudia Mattos, sem a ajuda de vocês tenho certeza de que o caminho seria mais longo e demorado e, talvez, eu deixasse esse sonho guardado novamente. Muito obrigado por tudo.

E, por fim, agradeço a você, que está lendo este livro. Espero que ele possa reavivar seus sonhos e fortalecê-lo a não desistir de nenhum deles.

SUMÁRIO

Introdução:
SONHO NÃO SE COMPRA E NÃO SE VENDE...................... 11

Parte 1:
SONHAR SE APRENDE

Capítulo 1:
SONHAR É BRINCAR COM A IMAGINAÇÃO 19

Capítulo 2:
FAMÍLIAS DE SANGUE E DE SONHOS 37

Capítulo 3:
SER JOVEM É SER LIVRE PARA SONHAR 59

Parte 2:
SONHAR PARA REALIZAR

Capítulo 4:
SONHO A DOIS É ACORDAR PARA AMAR 79

Capítulo 5:
VIVER DE SONHOS É POSSÍVEL 101

Capítulo 6:
SONHO EDUCADO PELA FÉ... VOA 123

Conclusão:
SONHO BOM GERA RESULTADOS LONGEVOS 145

Introdução

SONHO
NÃO SE COMPRA
E NÃO SE VENDE

"Somos desfeitos pela verdade.
A vida é um sonho.
É o despertar que nos mata."

VIRGINIA WOOLF
(Escritora inglesa)

— Esse menino vive no mundo da lua, só quer saber de sonhar. Acorda pra vida, moleque! O galo já cantou lá fora e você tem que trabalhar!

Juntar os dedos dos pés e das mãos ainda não será suficiente para contar o número de vezes que ouvi pessoas me dizendo coisas desse tipo. O que me deixa mais intrigado nisso tudo é que crianças e adolescentes costumam sonhar, mas a impressão que tenho é de que a vida adulta joga uma pá de cal em todos os sonhos feitos até então. Quem não conhece alguém que teve seus sonhos engavetados; e até nós mesmos acabamos engavetando nossos próprios sonhos... O caminho parece se repetir em diversas histórias por aí.

"Quero ser médico", "Quero ser advogado", "Quero ser jogador de futebol", "Quero ter minha banda de rock", "Quero ser artista de circo"... dizem as crianças. Mas o tempo passa e acabam perdendo essa doce magia dos sonhos para dar espaço à amarga realidade.

— Sonhos não enchem barriga. – dizem muitos adultos, com uma voz que soa aos ouvidos dos sonhadores como um despertador que insiste em tocar, mesmo depois de silenciado.

Então aquela criança, que sonha em se tornar um adulto, passa a crer que "essa história de sonhar é mesmo uma perda de tempo". O tempo continua a andar e essa pessoa, já mais "madura", vai deixando seus sonhos de lado por causa do momento que está vivendo e que, provavelmente, não deve ser fácil, já que a maioria precisa mesmo "domar um leão" todos os dias.

Sei que acabei de pintar um quadro não muito bonito de se ver, mas quem vai negar que essa é a realidade de muitas pessoas atualmente? Talvez essa seja inclusive sua realidade, meu caro leitor. Talvez você tenha abandonado aquele seu sonho de infância, porque lhe jogaram um balde de gelo na cabeça. Mas minha intenção aqui não é simplesmente apresentar essa realidade, mas, sim, dizer que esse não é o único caminho a ser trilhado. E, se estou aqui alimentando essa possibilidade, é porque eu sou prova viva disso!

Desde minha infância, sempre fui um sonhador como tantos outros garotos e garotas. A grande questão é que nunca desisti de sonhar, apesar de muitas vozes ao meu redor dizerem que isso era perda de tempo.

Fico genuinamente triste ao ver pessoas abandonarem seus sonhos por acreditar que não conseguirão realizá-los. Assim como acho igualmente grave aqueles que deixam de sonhar porque já conquistaram tudo o que um dia quiseram. Hoje, já sou adulto, empresário, casado, pai de família, e posso dizer com alegria que consegui conquistar muito do que queria no passado, mas continuo anotando e idealizando todos os meus novos sonhos, para tentar realizá-los ou, pelo menos, chegar o mais próximo possível disso, sem medo de ser feliz. E talvez você esteja se perguntando por que faço isso.

Aquele que parou de sonhar também
está decidido a parar de viver.
É só uma questão de tempo.

É nisso que mais acredito e espero que esta leitura seja como uma das muitas conversas que tenho com pessoas das mais diversas idades e realidades – amigos, parentes, empresários, funcionários, nas quais sempre pergunto:

— Qual ou quais são os sonhos que você ainda quer realizar?

Talvez a idealização que você tinha em mente tenha saído do foco por causa de algo que ouviu ou alguma circunstância específica. Talvez ela tenha até sido ensaiada, colocada inicialmente em prática, porém, foi frustrada por um erro ou acidente de percurso e por isso você acabou engavetando a ideia. Ou, então, você pode ter encontrado muitas dificuldades e está pensando que seus objetivos nunca serão alcançados. Mas quero, agora mesmo, não apenas desafiá-lo a retomar seus sonhos, como também contar a história de um garoto que nunca deixou de sonhar e tem hoje a certeza de que tudo valeu muito a pena.

Fato é que sigo sonhando porque acredito que os sonhos me movem e me permitem continuar avançando, porque entendo que ninguém mais pode fazer isso por mim. Não há como outra pessoa me dizer aonde eu posso chegar ou o que posso almejar, porque se isso não for algo que nasceu dentro do meu coração, jamais me apropriarei da ideia e, consequentemente, não terei estímulo para ir rumo à sua realização.

Se alguém sonhar para ou por você, a realização não será sua, mas, sim, de quem sonhou. Quando me aproprio dos meus sonhos, vou atrás desses objetivos para realizá-los. E faço isso com muito mais vontade porque foi algo que surgiu no meu íntimo.

Agora o convido a abrir a gaveta dos sonhos e tirar a poeira porque tenho certeza de que a história que vou lhe contar pode servir de inspiração para você voltar, ou quem sabe, começar a sonhar.

Parte 1:

SONHAR SE APRENDE

1

SONHAR É BRINCAR COM A IMAGINAÇÃO

A capacidade de sonhar do menino vendedor de sacolés

"A forma que eu me dediquei,
os dias que me entreguei à profissão,
valeram a pena."

ZICO
(Ex-jogador e técnico de futebol)

1

Prazer, sou Marcelo Rodrigues, nascido e criado no município de Guapimirim, na Baixada Fluminense, região metropolitana do Rio de Janeiro. Filho mais velho de uma família que morava em uma casa tão pequena que quarto, sala, cozinha e banheiro se amontoavam em apenas dois cômodos. Meus pais eram caseiros em um sítio, na pequena cidade onde morávamos. Com isso, de certa forma, acabei nascendo já com o destino predefinido na mente de muitas pessoas.

— Filho de caseiro, caseirinho vai ser. – ditava o pensamento da época.

Mas nunca concordei com isso, nem com qualquer outro destino que as pessoas ditassem para minha vida, fosse em razão da minha infância ou pela classe social em que me encontrava. Meus sonhos eram outros. Eu queria mesmo era seguir os passos de grandes craques que marcaram a história do futebol nacional e internacional, como Zico. O que se passava diariamente pela minha cabeça era jogar pelo Mengão, e ser campeão vestindo a camisa rubro-negra.

Porém esses sonhos eram daqueles nascidos em sono leve, e a dura realidade em que vivia parecia ser meu despertador, que insistia o tempo todo em me acordar. Modéstia à parte, eu era um garoto bom de bola, comemorava os gols como se realmente estivesse em um estádio, aclamado pela torcida. Mas o craque do sonho precisou dar espaço ao garoto pobre da vida real, que teve de trabalhar para ajudar sua família. Por isso, acabei aprendendo a fazer o serviço de caseiro, como limpar a piscina e a churrasqueira, cuidar do jardim, colocar comida e água para os cachorros, limpar o canil e atender as necessidades dos patrões durante os dias em que estivessem passando férias, nos feriados ou finais de semana no sítio. Minha família já me preparava para ajudá-la no serviço que muitos acreditavam que um dia seria meu, de qualquer forma.

Então, entre um gol imaginário e outro, a voz do treinador fictício se misturava com a de meus pais, que chamavam atenção para a poda das árvores, que não podia sair errada; a limpeza da piscina, que tinha de ser bem feita; a churrasqueira, que ainda estava com o carvão velho e precisava estar limpa; e para os cachorros, que precisavam ser alimentados.

ACORDAR DO SONHO PARA VIVER O PESADELO

A realidade era dura, mas não apenas por ser filho do caseiro no sítio. Na verdade, não tinha nenhuma vergonha disso, porque era um serviço honesto e meus pais trabalhavam muito duro para, com sacrifício, colocar comida na nossa mesa. Mas nem sempre isso era uma garantia.

Comer carne, por exemplo, era um tipo de "luxo" que raramente tínhamos em casa e eu acabava recorrendo a medidas um tanto quanto "desesperadas" para conseguir comer um pedaço. Lembro que os donos do sítio faziam uma mistura de bofe com angu para dar aos cachorros e, quando ia dar a comida a eles, pegava uma parte para mim e minha irmã. Ou então, quando a patroa me entregava um saco de lixo com comida e eu sabia que ali tinha carne, em vez de jogar imediatamente fora, levava para casa e entregava à mãe para fazer alguma comida diferente para nós.

Além das dificuldades financeiras até mesmo para colocar comida na mesa, também creio que me doía o fato de não ter aprendido sobre amor e união em família dentro daquele lar. Eu não via isso com muita clareza na relação entre meus pais e também no tratamento que recebíamos deles. Era como se o trabalho fosse tanto e as dificuldades tão desgastantes que não havia tempo para essa conversa de "carinho". Na verdade, o tempo que tinham para cuidar de nós era tão escasso que a minha infância foi marcada pelos trabalhos no sítio e dentro de casa, pois eu acabava tendo de cuidar da minha irmã – que ainda era uma bebê – para que meus pais conseguissem trabalhar.

Nos poucos momentos em que não estavam trabalhando, discutiam dentro de casa. Aqueles dois cômodos eram pequenos para tanto conflito, e acabavam preenchidos pela falta. Faltava muita coisa ali. Diálogo, dinheiro, espaço, oportunidades e, principalmente, faltavam sonhos.

Fato é que, muitas vezes, quando a realidade me despertava do sonho, era para me manter acordado, e isso não era assim tão mal. O pior ocorria quando eu acordava de um sonho para viver diretamente pesadelos; esses, sim, eram maus momentos, permeados pela falta de tanta coisa importante que envolvia a questão financeira, mas também ia bem mais além.

Ao final das contas, a única certeza que tinha quando abria os olhos e via aquela situação, nem era tanto a respeito do que queria para minha vida, mas, sim, de tudo o que eu não queria. Talvez, o sonho de me tornar um craque do Mengão nunca se realizasse, mas, certamente, naquele momento, ansiava por algo mais urgente: viver em uma realidade com paz e em harmonia. Creio que, naquela época, essa não era uma necessidade identificada por completo, mas sentida, porque já doía no meu interior, era como aquela dor que sentimos, mas não sabemos exatamente o porquê ou onde dói, simplesmente sentimos.

Como uma criança que nunca viveu uma realidade de amor e carinho expressos em seu lar pode saber que é exatamente disso de que necessita? Simplesmente sente a falta, sem saber exatamente do que precisa.

Ainda assim, considero que, apesar de difíceis, esses tempos também me ensinaram muito. Mesmo sabendo que aquele ambiente não era saudável para ninguém da minha família, foi justamente isso que me ensinou a buscar ser um marido e um pai diferentes, exatamente para não criar aquele mesmo cenário com minha esposa e filhas. O "não querer" é o primeiro passo importante para saber o que se quer.

SACOLÉ OU PICOLÉ?

Nunca tive vergonha de ser filho dos caseiros do sítio, mas também sempre tive claro em minha mente que não precisava seguir o caminho que outras pessoas haviam traçado para mim. Eu podia sonhar com o caminho que eu mesmo iria trilhar, por decisão própria. Uma das provas disso foi que, enquanto não estava ocupado com os trabalhos no sítio, me dedicava a outras atividades que pudessem render algum dinheiro, já que meus pais tinham dificuldade de comprar comida para nossa família, quanto mais me dar algo parecido com uma mesada.

Ainda aos oito anos, comecei a vender um produto caseiro que é um velho conhecido dos brasileiros, mas tem um nome diferente em cada região do país. No sul, é mais conhecido como geladinho ou chup chup; já em alguns estados do nordeste, o nome costuma ser dindin ou flau. Mas no Rio de Janeiro sempre foi conhecido como sacolé. Fato é que era ainda tão menino que não sabia a diferença entre o doce que vendia e um picolé. Por isso, saía anunciando pela rua, com meu isopor pendurado no ombro:

— Olha o picolé! Olha o picolé!

As pessoas me chamavam e, quando eu abria a caixa, vinha a surpresa:

— Ô, garoto! Isso aqui não é picolé, é sacolé! – elas diziam.

Mas não me deixava passar como vendedor de propaganda enganosa e partia logo para o fechamento da venda:

— Foi mal! Me confundi aqui. Mas e aí? Vai querer quantos?

Não sei se pela minha simpatia ou justamente pela minha agilidade em responder logo com a tentativa de venda, as pessoas acabavam achando tudo aquilo engraçado, gostavam do meu jeito e compravam os sacolés que eu continuava anunciando como picolé, ocasionalmente, para aproveitar a estratégia.

Fiquei tão conhecido na região por causa dos produtos que vendia, que ganhei carinhosamente o apelido de Sacolé – e não picolé, como ainda anunciava.

LUGAR DE PASSAGEM NÃO É PONTO DE CHEGADA

À medida que fui crescendo, lutava para manter meus sonhos vivos no coração, mas as vozes que me diziam que isso era "perda de tempo" se multiplicaram com o passar dos anos. Não as condeno por terem feito isso. Elas estavam apenas me alertando sobre a realidade, que eu conhecia de perto. Talvez, o fizessem por ter ouvido vozes semelhantes quando elas mesmas eram crianças, e estivessem apenas reproduzindo o padrão.

Apesar de tudo, eu nunca deixei de sonhar, mas a realidade me batia à porta todos os dias, e ela não era generosa. Não me acordava com carinhos e beijos, mas com o sacolejar de quem tem pressa e não está com a vida ganha. Por isso, acabei aproveitando outras oportunidades, que apesar de não serem as que queria para minha vida, eram as disponíveis.

Aos dez anos, deixei as vendas de sacolé para os finais de semana – quando também catava latinhas na rua para reciclagem – porque comecei a trabalhar como servente de pedreiro em obras daquela região de Guapimirim.

Todos esses trabalhos sempre tiveram o objetivo não somente de trazer alguma renda para mim, mas, antes de mais nada, ajudar minha família a se sustentar e até mesmo para que conseguisse estudar. O dinheiro das vendas dos sacolés, por exemplo, era usado para comprar o material escolar. Embora essas atividades tenham sido muito importantes naquele momento da minha vida, ainda assim, sempre tive a certeza de que não queria trabalhar com nenhuma delas no futuro.

Uma das lembranças mais fortes que tenho é que acordava todos os dias às cinco horas da manhã para ir à obra, trabalhar como servente de pedreiro… e um dia, meu pai tentou traçar um "plano de carreira" para mim, acreditando que meu futuro seria permanecer dentro da construção civil.

— Tu tem que aprender a ser pedreiro, ver como fazem as coisas, porque esse é o teu futuro. – ele disse.

— Não! Esse não é meu futuro, porque não é isso que quero pra minha vida. – respondi decidido, apesar de ainda ser apenas uma criança.

Era com esse pensamento que ia para as obras, saía para vender sacolés ou catar latinhas, todos os dias:

— Estou aqui porque preciso, mas é só por isso e, assim que puder, vou trabalhar com o que mais quero nessa vida! – dizia para mim mesmo.

Minha falta de motivação para aprender o necessário sobre o trabalho de um pedreiro ou servente era tamanha que reconheço que não me dediquei realmente a isso. Eu fazia o que me mandavam fazer, mas não via qualquer sentido em tentar me destacar naquilo. Nunca quis ser o servente do mês na obra, ou mesmo ser promovido a pedreiro, e digo isso com sinceridade, sem desmerecer o trabalho, que é tão honesto, como tantos outros. Meu pai mesmo trabalhou como pedreiro a vida toda. Porém via tudo aquilo simplesmente como algo que não me aquecia o coração, um ambiente de trabalho onde não me via avançando. Um lugar de passagem.

SONHANDO COM OS PÉS NO CHÃO

Para muitas pessoas, esse contexto em que vivia poderia ser um contraste difícil de lidar, mas tudo isso acabou me ensinando uma lição muito valiosa, que coloco em prática na minha vida até hoje: sempre sonhar com os pés no chão.

Pode parecer até contraditório quando digo isso, mas entendo que esse fator é essencial para quem não quer ficar apenas sonhando e deseja um dia realizar seus próprios sonhos.

Quando falo que aprendi a sonhar com os pés no chão, me refiro justamente ao fato de que eu não passava a vida no sonho – assim como ninguém consegue viver dormindo. Da mesma forma que nosso organismo precisa de uma noite de sono bem dormida, também precisa despertar. E também me sentia muito estimulado por tudo o que idealizava na minha mente, mas precisava sair apenas do plano das ideias e olhar para minhas necessidades naquele momento.

> *Todo garoto pobre que sonha em ser um craque de futebol no futuro pode alimentar o coração com os sonhos, mas não deve se esquecer de alimentar o corpo com comida e a mente com conhecimento.*

Apesar de os sonhos serem muito bons, a realidade também era necessária para me fortalecer e mostrar o caminho que precisaria tomar para conseguir o que sonhava.

E como a mente de uma criança não vive apenas de um sonho, mas, sim, de vários – grandiosos e pequenos, um bom exemplo da importância de se sonhar com o pé no chão ocorreu quando consegui juntar dinheiro do meu trabalho para ter algo que sempre quis, mas pelas dificuldades financeiras dos meus pais, jamais ganhei de presente: uma bicicleta.

Certa vez, quando eu estava passando em frente aos sítios da minha região para vender os sacolés, vi no canto de um dos terrenos uma bicicleta velha, já sem uso. Então perguntei ao dono do local:

— Cara, aquilo ali é uma bicicleta?

— É, sim. Já está toda quebrada, a gente nem usa mais. – ele respondeu.

— Então, se vocês não usam mais, eu vou querer. Me dá ela que conserto. – disse.

— Está certo. Se você quiser, pode levar.

Carreguei aquela bicicleta nas costas até a minha casa e, mesmo sem saber ainda andar naquilo, já imaginava como consertá-la. Então comprei uma ou outra peça que faltava e meu pai me ajudou a montar.

É bem verdade que o fato de ganhar uma bicicleta quebrada e a consertar estava longe da realização de um sonho como jogar pelo Flamengo, por exemplo. Porém, naquele momento, entendi o quanto o trabalho poderia me ajudar a alcançar os objetivos que eu vinha sonhando.

FÁBRICA DE SONHOS:

Mesmo sendo ainda tão novo, decidi que todos os meus gastos e lucros seriam contabilizados, para que tivesse a real noção do quanto faltava para conseguir o que eu queria. Então, sempre fazia os cálculos para saber exatamente quanto estava gastando com a produção dos sacolés, por quanto tinha que vendê-los para lucrar; quanto ganhava com a coleta das latinhas; quanto lucrava com o trabalho de servente; qual era o resultado da soma dessas fontes de renda; como poderia diminuir os custos que elas geravam, entre tantos outros cálculos. Tudo isso era feito devido ao entendimento de que não bastava apenas sonhar, mas também viver o necessário para realizá-los.

E os cálculos não se limitavam apenas aos meus custos e ao lucro, mas também como poderia organizar meu tempo para fazê-lo render mais. Exemplo disso eram os cronogramas que estabelecia quando ia cortar a grama do quintal da casa dos meus patrões. Eu separava toda a área do gramado por etapas, depois por horas, para conseguir cortar a grama em um tempo mais otimizado.

Todo esse pensamento estratégico que desenvolvi na infância me ajudou muito na realização de cada sonho, porque aprendi a estabelecer metas a longo e curto prazo. A cada meta de curto prazo que cumpria, sabia que estava chegando mais perto de alcançar a meta a longo prazo, o que me animava.

A ESTRATÉGIA DO MENINO VENDEDOR

Quando consertei aquela bicicleta velha, não foi apenas a realização de um sonho menor, mas também parte da evolução do meu trabalho. Afinal, a partir de então, não precisaria mais andar a pé para vender os sacolés, já podia amarrar o isopor na garupa e sair pedalando, enquanto anunciava o produto. Além disso, como a bicicleta facilitava a locomoção de um local a outro para as vendas, a possibilidade de vender outros produtos também aumentou. Aproveitei que já conhecia os pedreiros de algumas obras na região e visitava esses locais durante o final de semana para vender os sacolés. Mas, logo antes da minha primeira visita às obras com a bicicleta, pensei:

"Já que posso carregar mais peso na bicicleta, não vou levar só os sacolés pra vender na obra. Posso chegar lá na hora do lanche e vender também uns bolos".

Falei sobre a ideia com minha mãe e ela aceitou fazer os bolos para eu vender nesses locais. A proposta realmente deu certo e consegui vender muito qualquer coisa que oferecesse a eles.

Confesso que esse sucesso não acontecia especificamente porque meus produtos tinham um alto nível de qualidade ou porque o preço era muito baixo. Na verdade, eu não tinha condições de comprar ingredientes caros, bem como também não podia cobrar preços muito abaixo do normal, para não ter prejuízos. Fato é que eu me antecipava e apostava nas necessidades dos clientes, buscando imaginá-las antes mesmo de saber com certeza.

Talvez ainda não soubesse nomear exatamente o que estava fazendo, mas aquilo nada mais era do que minha estratégia de vendas. Chegar ao local no momento certo e já oferecer o produto antes mesmo que fosse solicitado. Imaginei que o melhor horário seria o do lanche, e que, provavelmente, não recusariam um bolo feito há pouco tempo.

Eu podia até ser uma criança, mas já estava aprendendo a sonhar e realizar como adulto, pois enquanto mantinha acesa a chama pelos meus sonhos, já aproveitava as oportunidades de trilhar o caminho rumo às minhas realizações.

Qual relação havia entre aquela nova configuração do meu negócio e meu sonho de jogar futebol? Olhando superficialmente, nenhuma. Mas eu tinha cada vez mais forte a convicção de que tinha potencial para seguir o caminho que quisesse e não somente aquele que outras pessoas haviam trilhado para mim. Eu não estava mais preso à sina de ser o "caseirinho" ou de passar o resto da minha vida misturando argamassa e carregando carrinhos de mão de um lado para o outro. A cada ideia que eu tinha e dava certo, sentia que tinha potencial para realizar meus sonhos.

SONHAR É CADA VEZ MAIS RARO

É bem verdade que fui uma criança desestimulada a sonhar e as condições financeiras em que minha família vivia tiveram grande responsabilidade nisso. Mas há outras realidades em que sonhos de crianças também são apagados e isso não tem qualquer relação com muito ou pouco dinheiro, mas, sim, com a proximidade desses pequeninos com adultos que nunca conseguiram sonhar ou desaprenderam com o tempo.

Quando adultos perguntam às crianças qual é seu sonho, é comum que elas respondam coisas aparentemente "absurdas", pelo menos para uma sociedade guiada pela busca de status e sucesso. Quantas vezes se repete a cena em que os adultos riem ao ouvir que uma criança quer ser artista de circo, bailarina, jogador de futebol, astronauta, cantor, pintor ou qualquer outra profissão considerada "incomum" ou não rentável?

Talvez os mais crescidos até achem "lindo" ver uma criança sonhar tanto com seu futuro, porém, lá no fundo, não acreditam verdadeiramente que esses sonhos possam se realizar. Simplesmente respondem com um "nossa, que legal", em vez de as estimularem com respostas como "então, corra atrás do teu sonho! Você precisa de ajuda? Vou te ajudar".

À medida que a criança vai crescendo, a falta de credulidade dos adultos que a rodeia pode se transformar em pressão para que ela cumpra as vontades da família e não alcance seus próprios objetivos. Por isso, é comum escutar pais dizendo "meu filho vai ser médico", "minha filha vai ser advogada" ou "nossos filhos vão assumir os negócios da família".

Para não decepcionar os pais, essas crianças acabam desistindo de seus próprios sonhos e se frustram em carreiras profissionais às quais nunca quiseram realmente se dedicar. O resultado disso são adultos frustrados, que não buscaram a realização de seus sonhos e também não conseguiram corresponder às expectativas dos pais, pois não tinham paixão por aquela carreira que escolheram para eles.

Quem desiste de seus sonhos para delegá-los está trilhando um caminho para a frustração.

Bem, não sou psicólogo infantil, nem pedagogo, mas sei bem o que é remar contra a maré para continuar sonhando. Por isso, hoje, sou um pai que estimula muito as filhas a continuar sonhando. E também a realizar tudo aquilo com que sonham.

Sei que é difícil para nós, que estamos de fora, imaginar que aquele sonho um dia pode ser realizado, mas na cabeça da criança ele é totalmente possível e cabe aos pais buscar, junto com os filhos, o caminho a ser percorrido para aquela realização.

Se a criança quiser ser astronauta quando crescer, seus pais ou responsáveis podem buscar o caminho possível para a realização desse sonho. Talvez esse caminho não seja nada fácil, mas também não é de todo impossível. Não importa se a família em questão tem pouca ou muitas condições financeiras. O mais importante é que essa criança acredite que é capaz.

Esse é o tipo de acompanhamento que acaba ensinando à criança o que é sonhar com os pés no chão e o valor dos sonhos. Ao mesmo tempo que irá incentivar a criança a sonhar, também mostrará a ela que esse sonho não se realizará se ela passar a vida toda sentada no sofá, assistindo à televisão, jogando *videogame* ou jogando bola na rua.

Eu mesmo queria muito ser jogador de futebol, mas tinha a consciência de que, se simplesmente passasse o dia jogando nos campinhos com meus amigos, meu sonho não se realizaria. Por isso, deixava para jogar bola nas horas vagas e me dedicava muito ao trabalho, porque entendia que aquele era o caminho para realizar meu sonho e que ninguém mais poderia trilhá-lo por mim.

O EMPRESÁRIO E A CRIANÇA

Devido ao contexto em que vivo atualmente, como empreendedor, tenho hoje contato com diversos fundadores de empresas e vejo que o principal erro cometido está no imediatismo pelos resultados. Exemplo disso, é quando um empresário abre uma empresa já pensando em quando poderá fazer a primeira retirada e não foca na realização de sonhos que estão acontecendo ali.

A verdade é que esse tão sonhado lucro pode demorar. E se o sonho não estiver à frente, motivando e dando forças para continuar, se aquele negócio não for realmente o fruto de um sonho do empresário, esse fundador poderá pensar que a empresa "não deu certo" ou que aquele nicho de mercado não é promissor, enquanto o real problema estava na falta do ideal estabelecido.

É nesse ponto que acredito que a criança que sonha ainda tem muito a ensinar ao empresário, porque a pureza com que ela mantém seus sonhos, a energia e força de vontade que tem para acreditar que conseguirá alcançar aquele objetivo são o que ajuda a manter o foco. Da mesma forma, se o empresário realmente acreditar em seus sonhos, poderá colocar sua vivência a serviço do planejamento e execução do que precisará fazer para realizar o que tanto sonhou.

A criança quer brincar, correr, fazer diversas coisas que o adulto já considera "chatice" ou "perda de tempo", mas que são necessárias para seu desenvolvimento físico e até psicológico na infância e que, por incrível que pareça, influenciam muito na visão de mundo que essa pessoa terá no futuro, bem como em sua carreira profissional.

Também já vi por aí empresários que querem colher os frutos de quem tem um negócio bem-sucedido, mas não querem "perder tempo" com atividades que são necessárias para desenvolver uma visão empreendedora. Ao final das contas, o que acaba dando forças para esse empresário não desistir e se manter firme é aquele objetivo que sempre teve em mente, a decisão de acreditar que vai valer a pena investir no sonho. A pureza da criança aliada à vivência do adulto.

Eu mesmo sou exemplo vivo do que estou contando. Para chegar à realidade em que vivo hoje com minha família, precisei percorrer um longo caminho, contando com o apoio da minha esposa, Sabrina. São mais de 30 anos de trabalho e dedicação, fazendo muito por amor e não apenas pelo lucro imediato.

Aprendi a amar meu trabalho quando ainda era funcionário no ramo em que atuo e jamais deixei de me empenhar ao máximo. É porque amo o que faço e faço o que sonhei. Sempre cumpri minhas obrigações como empregado e, hoje, como patrão, continuo honrando todos os meus compromissos. Não deixo de pagar nada a ninguém e tento ser o mais justo possível com minha equipe, para que possa haver reciprocidade.

Agora, para que possa conhecer o outro lado da mesma história, deixo você com o relato da minha esposa e maior companheira. Com a palavra... Sabrina!

SONHO A DOIS

Quando conheci Marcelo, ele já não era mais uma criança. Éramos jovens e ele não vivia mais a realidade que ele mesmo descreve como "despertar dos sonhos para entrar em um pesadelo". Mas, vejo que, ainda hoje, muitos aprendizados que ele trouxe da infância continuam a influenciar tudo na nossa vida, seja na família, no relacionamento com os amigos ou na carreira profissional.

Creio que uma das virtudes que ele desenvolveu desde os tempos de criança e carrega consigo até hoje é a persistência.

Quando Marcelo tem um novo sonho, não sossega enquanto não o realiza. Não importa se vai dormir tarde, precisará trabalhar no sábado, domingo, feriado ou até mesmo se corre o risco de quebrar a cara enquanto tenta. Ele não desiste fácil.

E toda essa postura de persistência gera um efeito muito positivo sobre todos que o rodeiam, a começar por nós mesmos, dentro de casa. Nossas filhas têm muita admiração por ele e sempre o viram como um bom exemplo a ser seguido.

Tanta persistência também acabou me contagiando nos momentos em que mais precisei. Por vezes, quando me sinto cansada, desgastada com algum projeto ou uma questão a ser resolvida, ele vem com toda energia e me dá aquela injeção de ânimo.

Ao longo do tempo, entendi que tanta garra e determinação é resultado de uma fórmula que ele desenvolveu por anos, equilibrando sonhos e ação. Por isso, quando o escuto dizer que "vai dar certo", sei que não está se baseando somente em um devaneio de sua cabeça, mas na certeza de que ele não irá desistir até conseguir o que precisamos.

— Se for preciso, eu pego a bola e saio driblando até fazer o gol! Não vou sossegar enquanto não marcar. – ele me diz.

Quando olho hoje para esse campeão, tenho certeza de que nosso craque ainda vai trazer muitos troféus para casa.

Sabrina Rodrigues

2

FAMÍLIAS DE SANGUE E DE SONHOS

Uma família é sonho e duas é realidade

"A família não nasce pronta; constrói-se aos poucos e é o melhor laboratório do amor."

LUIS FERNANDO VERISSIMO
(Escritor e cartunista brasileiro)

2

Aquele sábado de manhã parecia mais um, como qualquer outro. O sol nasceu brilhando forte, como já era de costume nos verões da Baixada Fluminense. Peguei meus sacolés no congelador, os coloquei no meu isopor velho, me despedi da mãe e saí pelas ruas de Guapi ("apelido" que os moradores colocaram na cidade) anunciando meu produto, que, como já contei, nem eu mesmo sabia dar nome.

— Olha o picolé! Olha o picolé! – Eu gritava, enquanto passava em frente àquelas casas e sítios das redondezas.

Tudo acontecia como de costume, até que passei em frente a um sítio e um rapaz de cerca de 18 anos, aparentemente interessado no que eu estava vendendo, me chamou. Um jovem muito simpático e educado, filho mais novo dos donos daquele terreno.

— Ô, garoto, chega aí! Tem picolé de qual sabor nesse isopor? – ele perguntou.

— Opa, tio! Tem de groselha, morango, chocolate, goiaba, coco... – respondi, abrindo a tampa do isopor e mexendo nos produtos, quando fui gentilmente interrompido.

— Mas isso não é picolé, é sacolé! – ele comentou, rindo.

— Ih, é verdade! Foi mal, tio! Sempre confundo! – respondi, coçando a cabeça e espremendo os olhos, por causa do sol.

— Tudo bem. Não tem problema. Quanto é cada um?

— Só um real. Mas faço três por dois reais.

— Tá certo. Eu compro todos, mas com uma condição: você não trabalha mais hoje, entra aqui e fica brincando com a gente. – ele disse.

Confesso que, inicialmente, eu achei aquilo tudo estranho. Apesar de muito novo, já havia lidado com vários tipos de situações em que pessoas me destratavam ou faziam pouco caso de mim por eu ser apenas um vendedor de rua. O que aquele rapaz queria, comprando todos os meus sacolés e me colocando para dentro do sítio dele? Ao mesmo tempo que fiquei um tanto desconfiado, vi também uma garotada jogando bola no gramado do terreno. Aquela cena tornou o convite ainda mais irresistível.

Entrei, me juntei àquela família e passei uma tarde tão agradável como poucas vezes havia desfrutado na minha vida até então. Quando afirmo isso, não me refiro simplesmente ao conforto que eles tinham naquele sítio, mas também ao clima de harmonia e paz que se formava ali.

Obviamente não era uma família perfeita, como aquelas de comercial de margarina, mas dava para sentir que aquele ambiente era um lugar de paz e tranquilidade, visivelmente diferente da realidade em que vivia na minha própria casa.

Ao final do dia, me despedi deles e fui para casa. Eu podia até ser um garoto sonhador, mas sabia bem que todo sonho tem seu fim e, para mim, aquele sonho foi bom, mas acabava ali. Foi bom enquanto durou e a hora de acordar para a realidade – pesadelo ou não – havia chegado. Mesmo assim, no caminho de volta para casa, me dei ao direito de carregar comigo as boas memórias daquelas horas que passei com eles. Dizem que o bom de viver bem o momento é justamente o fato de guardar boas memórias conosco. E aquele dia me trouxe exatamente essa experiência.

Creio que quando cheguei em casa, minha mãe percebeu algo diferente em mim, mas não insistiu em perguntar e eu também achei melhor não entrar em detalhes. Afinal de contas, não sabia como ela reagiria ao saber que deixei de trabalhar para passar um dia de "folga" no sítio de outra família. Como não éramos acostumados a esse tipo de situação, até cheguei a me sentir um pouco culpado por isso em alguns momentos. Mas o fato de que a família havia comprado todos os meus sacolés me deixou mais tranquilo porque não saí no prejuízo.

Nos dias seguintes, passei em frente ao sítio daquela família tão gentil e, obviamente, não encontrei mais sinal deles no local. Assim como tantas outras famílias que tinham propriedades por ali, a casa era de veraneio e eles só iam para lá em alguns finais de semana e feriados. Sendo assim, não criei expectativas de encontrá-los novamente em tão curto período de tempo, nem que me reconhecessem ou convidassem para outro dia como aquele.

Para minha surpresa, no final de semana seguinte eles voltaram para o sítio em Guapi e a proposta me foi feita mais uma vez: comprariam todos os meus sacolés, com a condição de que não trabalhasse mais naquele dia e entrasse para ficar com eles. Como já sabia que era seguro e que aquela família me tratava bem, não havia por que não aceitar. E assim foi acontecendo durante mais de um ano, em quase todos os finais de semana e feriados. Durante esse tempo, criamos um forte vínculo, e os donos do sítio já sentiam por mim um amor e um carinho de pais. E eu me sentia muito amado e acolhido por todos.

A FAMÍLIA DOS SONHOS

Conforme relatei, quando completei dez anos de idade, passei a trabalhar como servente de pedreiro nas obras, mas, ainda assim, tinha folga nos finais de semana e, como "aqueles tios" compravam todos os meus sacolés, acabei ficando "livre" para aproveitar esse tempo com eles.

Foi então que passaram a me convidar não apenas para os finais de semana no sítio de Guapi, como também alguns na casa deles da capital. Eu me sentia tão bem quando estava com eles que, mais uma vez, não pude recusar o convite. Aquela família realmente havia me conquistado. E creio que também a estava conquistando.

> *A verdade é que sentia que podia sonhar por mais tempo, de modo que demorava um pouco mais para ser acordado por aquela chacoalhada da vida e voltar para a dura realidade. Ou até mesmo fugia dos pesadelos que me atormentavam em Guapi.*

A cada dia que se passava, nossos laços se estreitavam mais e passei a me sentir tão acolhido por essa família que, além de gratidão, meu coração se encheu com a sensação de pertencimento. Isso mesmo! Passei a me ver como parte daquela família. E, aos poucos, percebi que não era pura imaginação da minha cabeça e que a recíproca era verdadeira. Depois de quase dois anos que frequentava a casa deles na capital, os donos do sítio decidiram me adotar.

— Marcelo, queremos que venha morar conosco aqui no Rio. O que você acha? – me perguntaram.

— Acho maneiro! Vocês me tratam benzão! Mas a gente precisa pedir pra minha mãe, né? – respondi, com os olhos brilhando de felicidade.

— Com certeza! E é isso que vamos fazer no próximo final de semana em Guapi. Vamos conversar com ela e, se ela concordar, você vem pra cá! – disseram.

Confesso que aquela foi a semana mais longa da minha vida. Os dias pareciam não passar. A cada dia que pulava da cama às cinco da manhã, pensava:

— Um dia a menos para conversarem com a minha mãe. Tomara que ela aceite e não fique magoada.

ACOLHENDO O FUTURO

Quando o tão aguardado dia chegou, parecia que não ia me aguentar de tanta ansiedade. Obviamente minha mãe já sabia que eu mantinha esse contato mais próximo com a família, mas um pedido de adoção afetiva era um grande passo e exigia dos meus pais afetivos muita sensibilidade e manejo das palavras para fazer tal proposta à minha mãe.

Creio que aquela sabedoria popular de que coração de mãe é capaz de "prever" quando algo – seja bom ou ruim – vai acontecer aos seus filhos faz todo o sentido. E, naquele dia, vi essa verdade ser comprovada. Minha mãe não deu saltos de alegria pela minha saída de casa. Na verdade, inicialmente, ela achou ruim e até recusou a proposta. Afinal, como ela mesma disse na ocasião, "que tipo de mãe entregaria, ainda em vida, seu filho para outra família?"

— Não precisa, não. Pode deixar que eu crio o garoto por aqui mesmo, do nosso jeito! – ela respondeu, talvez por um sentimento de impotência ou mesmo culpa, por ver que não poderia fazer muito para mudar minha realidade, a ponto de outra família querer intervir e me levar.

Mas, depois de alguns dias, conversei novamente com ela e a convenci de que aquilo seria o melhor para meu futuro. E que ela não precisava de maneira alguma sentir-se culpada por nada, que eu sempre reconheceria todo o esforço que ela teve para me criar. Principalmente, o que ela me ensinou sobre princípios, valores e como me ajudou da forma que podia a vender meus sacolés e bolos na rua. Por fim, ela entendeu aquela proposta como uma oportunidade para que eu tivesse um futuro melhor e que devia ser aproveitada.

— Tá certo, meu filho. É melhor você ir com eles mesmo. Não tem pra onde correr. Assim será mais fácil você conseguir ser alguém na vida. – ela disse, por fim.

— Obrigado, mãe. E como a senhora vai fazer pra cuidar da Marcinha? – perguntei, lembrando da minha irmã mais nova, que na época já estava com cinco anos.

— Bom, deixa que me viro por aqui. Posso pedir ajuda a alguma vizinha. Não se preocupa com isso. Vai lá garantir seus estudos. Aproveita essa oportunidade que a vida tá te dando. – ela respondeu, com os olhos já marejados.

Após minha mãe permitir que aquela família me adotasse, arrumei a minha mochila e corri para a casa dela a fim de dar a boa notícia pessoalmente. Toquei a campainha e quando meu irmão adotivo abriu o portão, com muita alegria, eu disse:

— Minha mãe deixou!

Não era preciso dizer mais nada. Cada qual a seu modo, sob seus pontos de vista e diferentes vivências, tanto a família do meu irmão adotivo quanto minha mãe sabiam que as perspectivas de crescimento para mim em Guapi eram quase nulas. Até mesmo porque estava explícito que eu levantava cedo para trabalhar na obra sem qualquer motivação. E que, apesar de ter potencial – ainda não lapidado – para o empreendedorismo já comprovado nas vendas de bolos e sacolés, todo esse talento teria muito mais chance de se desenvolver com estudo de qualidade e morando na capital, onde havia mais oportunidades de emprego.

Além disso, eu não era a primeira criança que meus pais afetivos adotavam. Anos atrás, haviam adotado dois filhos de uma irmã dela, que morreu em um acidente de carro. E também o filho de uma empregada da casa, que foi criado junto com seus filhos e os sobrinhos. Sendo assim, aos 12 anos, me juntei aos quatro filhos daquela família, que parecia a melhor ilustração da expressão "coração de mãe".

TODO SONHO TEM DOIS LADOS

Após minha mãe permitir que fosse adotado, meus pais afetivos fizeram questão de ir lá agradecer pessoalmente a ela. E, dessa vez, minha ida para o Rio foi totalmente diferente de todas as outras. Obviamente conhecia a capital, porque passei anos frequentando a cidade aos finais de semana. Mas tudo aquilo tinha um clima diferente, de lazer e até mesmo de uma realidade que – apesar de já me sentir pertencente àquele lar de alguma forma – ainda não havia me apropriado como sendo minha vida de fato. Isso porque eu sabia que, no início da semana, teria de voltar para Guapimirim e me levantar às cinco da manhã para trabalhar em algo que eu não queria mais.

No caminho para a capital, minha mente pensava em milhares de coisas ao mesmo tempo, de um modo que nunca pensei que o cérebro humano fosse capaz, processando tantos pensamentos de uma só vez.

— Como será minha vida daqui pra frente? Será que morar todo dia com eles vai ser tão diferente de só passar os finais de semana? Com quem vou dividir o quarto? Será que vou me sair bem na escola? Como será viver todo dia com uma família tão legal? – me perguntava em silêncio.

Com o tempo, cada uma dessas perguntas teve suas respectivas respostas; e confesso que algumas foram melhores do que o esperado, enquanto outras foram mais duras de aceitar do que imaginei que seriam. A partir daquele momento, em vez de passar a semana em Guapi e os finais de semana na capital, seria o contrário: passaria a semana na capital e os fins de semana com minha mãe, em Guapi.

Jamais negarei o empenho dos meus pais afetivos – e até mesmo do meu irmão adotivo, a quem passei a chamar carinhosamente de pai – em me ensinar, me ajudar a crescer como um adolescente e me formar como homem. Mas o crescimento tem seus momentos de dor, e lidar com isso nem sempre era fácil.

Em Guapimirim, eu vivia como um "menino solto", saía e voltava de casa sem ter que dar satisfação a ninguém, brincava na rua até tarde da noite. Até mesmo porque em cidade do interior não havia tantos perigos assim – nadava nas cachoeiras da região e jogava bola nos campinhos. No Rio de Janeiro (capital) era bem diferente. A porteira do sítio que normalmente ficava sem tranca foi trocada por um portão com cadeado; minhas brincadeiras da rua precisaram passar para dentro de casa, e nem todas puderam ser adaptadas. Minhas notas na escola, que antes passavam despercebidas, passaram a ser cobradas periodicamente. Minhas amizades da escola pública do interior foram trocadas pela rejeição dos estudantes da escola particular na capital.

Aprendi que família de comercial de margarina realmente não existe, que o cotidiano de uma família saudável não é feito apenas de abraços, sorrisos e presentes, mas também de disciplina, prestação de contas, diálogo e conselhos; e, ao final de tudo, todos esses elementos são verdadeiras manifestações de amor e cuidado.

Mas como um garoto que viveu até os 12 anos de idade sem nada disso em sua vida poderia aceitar prontamente esse "pacotão familiar" em sua realidade?

Sonhos se realizam, isso é verdade. Mas quando se tornam realidade, trazem consigo todo um trabalho necessário para mantê-los.

Sonhava em morar em um lar com uma família que me acolhesse e me desse carinho, onde pudesse me sentir cuidado. Quando isso enfim aconteceu, passei a entender que todo o cenário que idealizei realmente existia, mas não se mantinha daquele jeito por si só. Ele precisava de investimento para se manter. Da mesma forma, teria também de lidar com o fato de que, a partir do momento em que passei a integrar essa família, precisaria respeitar suas regras de convívio, como em qualquer família que, por questão de harmonia nos relacionamentos, impõe limites.

Considero que essa fase não foi apenas a realização do meu sonho, como também um certo banho de realidade a respeito da idealização que eu tinha sobre o que de fato é viver em uma família tal como imaginava ser "saudável e estruturada", com os pais mais presentes na criação dos filhos, estimulando o diálogo e não fazendo das brigas entre si aquilo que mais ocupa o tempo de quem vive na casa. É bem verdade que havia encontrado tudo isso naquele lar, mas não imaginava que essa realidade de harmonia era justamente a consequência de transparência, cuidado, atenção e muita paciência, exercitados diariamente entre os membros da família. Ainda assim, discussões aconteciam, em um momento ou outro, porque isso é totalmente natural.

Até tentei me adaptar a essa nova realidade – com oportunidades claramente melhores para meu futuro do que em Guapi – e, sem dúvida, a família fez o possível para me fazer sentir bem acolhido. Mas o "preço" a pagar por tudo isso parecia muito alto para o menino Marcelo. O garoto solto de antes precisava entrar na linha, e esse era um processo trabalhoso que não estava ainda preparado para enfrentar.

Um dia, em um final de semana, quando estava com cerca de 14 anos, fui visitar minha mãe e não voltei mais para a casa dos meus pais afetivos na capital. Minha mãe questionou se eu não tinha que voltar para retomar as aulas na capital. Inicialmente desconversei, até que resolvi assumir para ela o que estava acontecendo.

— Ah, mãe! Eles são uma família muito legal! Gostam pra caramba de mim e também gosto muito deles. Mas lá eu fico muito preso, pra tudo tenho que dar satisfação, tenho que dizer pra onde vou, que horas volto, eles me cobram muito nos estudos, o pessoal da escola também, mó chatão! Aqui pelo menos tenho liberdade... – desabafei.

A LIBERDADE ME "PRENDEU"

Durante o tempo que voltei para Guapimirim, além de buscar o que me parecia ser a retomada da minha "liberdade", também decidi perseguir o sonho de me tornar jogador de futebol. Estava tão determinado a alcançar esse objetivo que acabei conseguindo a oportunidade de jogar por alguns times locais, e dei início a uma carreira que parecia ser o caminho trilhado por um futuro craque. Afinal de contas, era um garoto ainda novo, na idade em que geralmente os jovens atletas despontam e chamam a atenção dos olheiros do esporte.

Assim, apesar de ainda não ter decolado, minha carreira no esporte parecia ganhar corpo, pouco a pouco. Iniciando em times pequenos de Guapi, cheguei a conseguir uma vaga nas categorias de base da Portuguesa – um clube já mais conhecido no Estado e no qual eu via mais perspectiva de crescimento como jogador.

Mas você deve estar se perguntando se meus pais afetivos não me procuraram mais, desde aquele dia em que não voltei para a casa deles. Sem dúvida, eles tentaram contato comigo para saber o que havia acontecido – como qualquer outro filho que não volta para junto de sua família. Porém confesso que fugi deles e evitei encontros, pois estava muito envergonhado do que havia feito.

Muitas vezes, quando voltava dos campinhos onde jogava bola, via o carro deles parado em frente ao sítio em que morava minha mãe. Então, eu dava meia-volta ou entrava em alguma esquina, fazia outro caminho, só para não encontrar com eles e não ter de explicar o porquê de nunca mais ter voltado para a casa deles no Rio.

Mesmo assim, eles nunca desistiram de mim. Logicamente, sempre foram muito respeitosos, não se tornaram inconvenientes. Mas tenho certeza de que, mesmo distante, meu nome continuava em suas preces diárias. Da mesma forma, também jamais deixei de pensar neles. E aquele sentimento de carinho e gratidão continuava vivo dentro de mim.

Um dia, já estava com cerca de 17 anos quando recebi um convite muito especial. Dali alguns dias seria o casamento da minha irmã adotiva, a filha mais velha do casal que me adotou. A irmã que mais me puxava as orelhas por causa dos estudos, que sempre chamou minha atenção para a importância de completar minha formação na escola e na faculdade.

Receber esse convite em mãos foi emocionante, não somente por saber da notícia de que minha irmã do coração iria se casar, mas também por ter uma prova concreta de que essa família ainda me amava e, apesar de respeitar minha decisão de não voltar mais, queria celebrar comigo aquela data tão especial para todos nós. Como poderia recusar esse chamado? Por isso, engoli meu orgulho e vergonha, passei por cima de tudo isso para vestir uma camisa, uma gravata e uma calça social e fui ao casamento. Essa família não merecia ficar mais uma vez sem resposta.

Apesar da vergonha que estava sentindo em revê-los, quando os reencontrei no dia do casamento, eles me recepcionaram de maneira tão carinhosa que todo aquele amor me fez entender o que de fato une uma família.

Mesmo com o erro que cometi, de simplesmente sumir e não dar mais notícias, continuaram me amando, porque o vínculo que formaram comigo era mais forte que minhas falhas. Eles amavam o menino Marcelo, que um dia apareceu vendendo sacolé na porta do sítio deles, em Guapi, que era apaixonado por futebol e cheio de vida. E não eram minhas dificuldades com o novo contexto que iriam romper esses laços.

*Família que é família dá
um jeito de ficar junto, mesmo que para isso
precise ficar longe por algum tempo.*

Se antes me sentia como um passarinho que vivia solto e foi colocado dentro de uma gaiola, naquele momento entendi que a gaiola sempre esteve com a portinha aberta e que a intenção deles nunca foi de fato me prender. Surpreendentemente, foi justamente essa liberdade que me "prendeu" àquele lar.

— Volta a morar com a gente! Você também vai poder trabalhar com a gente! – disse minha irmã adotiva, depois de me dar um abraço apertado.

No dia seguinte, eu tinha um jogo pela Portuguesa contra o Bangu. Então, fiquei no casamento até tarde, dormi na casa deles, levantei às seis da manhã e peguei um ônibus para o Centro de Treinamento. Aquele foi meu último jogo, porque deixei a carreira de futebol e voltei a morar com meu pai e minha mãe adotivos, bem como passei também a trabalhar na loja de aluguel de roupas para festas, que haviam aberto há alguns anos.

Quando percebi que essa liberdade estava me sendo dada e que a vida que eles me ofereciam não era uma prisão, mas, sim, o caminho para meu crescimento pessoal e eu estaria sempre livre para voltar para a casa deles ou não, tomei minha decisão: voltaria a morar lá.

Ao compartilhar com eles o veredicto, vi todos abrirem os braços para me receber e novamente me senti muito acolhido.

O MENINO CRESCEU

Quando retornei para a casa deles, na capital, minha mente estava bastante mudada. Não pensava mais como um garoto de 12 anos e carregava comigo os resultados das experiências de minhas próprias decisões. Havia voltado para Guapi, realizado meu sonho de jogar futebol profissionalmente – ainda que em uma carreira relativamente tímida. E estava no Rio de Janeiro por vontade própria, em busca de estudar e trabalhar, de crescer na vida e contar com o apoio da família que havia me acolhido com tanto amor e que ainda tinha tanto a me ensinar.

Jamais cortei relações com minha família de origem, mas precisei diminuir a frequência das minhas idas a Guapimirim, pois via minha vida se formando no Rio de Janeiro. Aproveitei o vigor da juventude, a energia para trabalhar, estudar, desenvolver amizades, administrar meu próprio dinheiro e ter meus momentos de lazer.

O convite que minha irmã do coração fez era verdadeiro e eles realmente queriam que eu começasse a trabalhar na loja de aluguel de roupas para festas que haviam aberto há alguns anos e estava em crescimento. Se quando tinha meus 12 anos, ia para a loja, passava o dia catando os alfinetes do chão e brincando entre os manequins, aos 17 eu já estava arregaçando as mangas.

Como eu ainda estava aprendendo a me portar e falar bem, fui colocado em uma função na qual não precisava lidar com os clientes. Por isso, acabei encarregado de engraxar os sapatos disponibilizados pela loja para aluguel. Mas esse cargo não me desanimou, porque eu estava trabalhando em um ambiente que – diferentemente das oportunidades que encontrava em Guapi – me dava muita perspectiva de crescimento.

Na verdade, considerei que engraxar os sapatos ali dentro já era em si um avanço, porque, quando comparado à vida em Guapimirim, morava em uma casa muito boa, tinha comida na mesa todos os dias, recebia salário e trabalhava arrumadinho. Minha realidade de vida já havia mudado para muito melhor.

Sendo assim, se minha função era engraxar, fazia aquilo com tanto empenho e cuidado que os sapatos da loja ficavam todos brilhando. Além disso, buscava otimizar ao máximo o trabalho para sobrar tempo e aprender algo mais dentro da loja, pois sabia que somente assim poderia crescer ali dentro.

Diariamente, dei meu melhor. Se tivessem 300 sapatos para engraxar num dia, terminava tudo rapidamente e ficava disponível para o Ricardo – meu responsável na época – me ensinar outras coisas. Eu estava sempre em busca de aprender algo a mais e ele me ajudou muito naquele tempo, porque me ensinou coisas importantes sobre as operações daquele setor da loja.

Além de engraxar os sapatos, Ricardo também me ensinou a conferir as roupas que estavam sujas para mandar à lavanderia, a identificar quando um traje ainda tinha condições de ser colocado para aluguel, ou não, entre tantos outros pontos.

A cada vez que aprendia algo novo, tanto com Ricardo quanto com minha irmã, ou qualquer outra pessoa que trabalhasse na loja, sentia que estava avançando um pouco mais, crescendo, deixando de ser aquele garoto que vivia solto, fazendo o que bem entendesse, para me tornar um homem, com responsabilidades, um emprego fixo e até mesmo com contas para pagar.

TODA ADOÇÃO É UMA VIA DE MÃO DUPLA

Aos 18 anos, eu já estava com minha carteira assinada e salário fixo. Enquanto em Guapi geralmente via o pouco dinheiro que ganhava indo embora para ajudar dentro da casa dos meus pais. Quando formalizei meu emprego na capital, passei a ver que ganhava um dinheiro que era só meu, mas que isso exigiria de mim organização e muita responsabilidade.

Assim como os outros filhos da família, eu precisava ajudar com o pagamento de uma das contas da casa, porque meu pai adotivo sempre foi muito disciplinador. Ele colocava cada um para ajudar a pagar uma conta, fosse de luz, telefone ou outra. Não por mera necessidade, mas para que cada um aprendesse a criar responsabilidades e dar finalidade certa ao dinheiro desde cedo. Essa postura dele jamais me fez sentir prejudicado. Pelo contrário, sempre serei grato a ele por me ajudar a ter noção de organização financeira e coletividade. Afinal de contas, eu estava morando naquela casa, desfrutando de todos os benefícios e já tinha uma fonte de renda fixa. Nada mais justo do que ajudar com as contas do mês.

Às vezes, penso que se voltasse para Guapi depois de dez anos vivendo na capital teria uma visão completamente diferente sobre aquela região, até mesmo enxergando oportunidades que antes não era capaz de ver. Isso tudo só foi possível porque, com o apoio que tive da família que me adotou, me acolheu, me incentivou a estudar, trabalhar e assumir responsabilidades, eu cresci muito. Adoção, mesmo que afetiva e não formal, é uma via de mão dupla. Uma família adota uma criança, ou um jovem, mas também precisa ser adotada por ele.

Aos 17 anos, o que me conscientizou de fato, como se realmente uma chave virasse na minha cabeça, foi que, se voltasse para o interior com aquela idade, sem ter completado os estudos, as oportunidades que teria seriam aquelas mesmas de antes: vender sacolé na rua, bolo e cachaça nas obras, ser servente de pedreiro. Ou me arriscar na carreira de jogador – que também não era algo garantido, já que muitas vezes eu ia para os jogos apenas com o dinheiro da passagem e sem ter me alimentado direito. Diante de tudo isso, optei por estar junto daqueles que sempre demonstraram muito amor por mim e estavam dispostos a me apoiar em uma caminhada de muito crescimento.

"Cara, eu estou aqui e essa é uma oportunidade única de fazer o diferente. Não vou perder essa chance!", pensei.

Para um jovem, oportunidades não se limitam apenas aos estudos e ao trabalho, mas também a toda base familiar e do lar – as verdadeiras redes de apoio que ele pode ter.

SONHOS NÃO SE COMPRAM, MAS SE ADOTAM

Até hoje, acredito que o contexto da minha adoção afetiva foi muito importante para que eu me tornasse quem sou. Essa família tão especial me ensinou a ser um homem de caráter, um pai de família responsável, amoroso, que disciplina não por maldade ou simplesmente autoritarismo, mas por amor, que mostra o quanto a ordem é importante dentro de um lar, o quanto é necessário traçar metas na nossa vida e como trabalhar para alcançá-las. Isso foi essencial para desenvolver ainda mais minha capacidade de sonhar e também de realizar.

Quando vivia no interior, sempre sonhava e tinha muita fé de que iria realizar meus sonhos. Mas também tinha quase certeza de que não os realizaria por completo se permanecesse inerte. Por isso, a minha mudança para a capital foi estimulante, porque conseguia ver muito mais futuro ali. Eu passei a ter acesso a estudo de qualidade, ao mercado de trabalho e, o mais importante, tinha apoio da família.

"Cara, aqui eu posso estudar em uma boa escola, ter um trabalho melhor e conhecer gente nova, o que pode me ajudar a crescer muito mais!", pensava.

A verdade é que tanto nas dificuldades da minha infância e adolescência quanto na melhor fase que passei a viver na juventude, jamais deixei de sonhar. E mesmo em meio aos desafios e obstáculos da vida, vi sonhos se realizarem, como quando consegui iniciar uma carreira de jogador de futebol e joguei por alguns times. Até mesmo em estádios da capital.

Manter os sonhos vivos é essencial para não desistirmos da vida.

Na fase em que de fato decidi viver com essa família e trabalhar na loja com ela, percebi que sonhos não podem ser comprados, mas podem muito bem ser adotados. Faço tal afirmação porque, na minha infância e adolescência, jamais me vi trabalhando em uma loja de aluguel de roupas para festas. Mas, quando me envolvi com esse ramo, desenvolvi uma verdadeira paixão pela área. E acabei sonhando junto com todos eles. Por isso, considero que "adotei" um sonho: o de um dia cuidar daquela loja.

Essa adoção do sonho deles foi permeada por muito amor. E também por muita gratidão, diante de tudo o que fizeram por mim. Se na minha infância eles me acolheram e até mesmo me respeitaram quando decidi me afastar, para depois voltar, tive vontade de retribuir com o que tinha nas mãos. E tudo o que tinha na época era disposição para aprender e trabalhar. Por isso, passei a me empenhar naquela loja como se o negócio deles também fosse meu.

Essa paixão que nasceu pelo trabalho nessa área foi tão importante que me levou posteriormente a me tornar também um empreendedor e empresário do ramo. E da mesma forma que um dia eu adotei o sonho de alguém e lutei para realizá-lo como qualquer outro sonho que nasceu – e ainda nasce – dentro do meu coração, muitas pessoas chegam hoje para trabalhar na minha loja sem ter experiência na área ou sem nunca ter sonhado em empreender e, com o tempo, acabam se inspirando para montar seus próprios negócios, seja na mesma área que a nossa ou em outras.

Sonhar é maravilhoso, mas adotar sonhos é algo fantástico, porque envolve outros sentimentos nobres – como a gratidão, a cumplicidade e a admiração – que fazem o sonho se multiplicar, se desenvolver, se adaptar e até mesmo aperfeiçoar-se.

Quando vejo pessoas que estão hoje ao meu lado, adotando meus sonhos, não me sinto ameaçado ou invadido, mas, sim, orgulhoso, porque vejo que o meu trabalho está erguendo empreendedores no Brasil. E isso é maravilhoso! Meu desejo e minha oração é para que meus sonhos sejam adotados por cada vez mais sonhadores!

Sim, sou essa pessoa que segue sonhando e estimulando em outros o hábito de sonhar. E expresso a minha gratidão por isso às minhas duas famílias da infância, adolescência e juventude: a de origem e a do coração; a de sangue e a dos sonhos.

Com a minha mãe biológica, aprendi o valor da persistência, a não desanimar com as dificuldades, a não me envergonhar da minha origem humilde e não baixar a cabeça para quem me subjugasse por ser um vendedor de rua ou um servente de pedreiro. Meu trabalho sempre foi honesto e honrado. Já a família afetiva me ensinou muito sobre disciplina, organização, sobre honrar os compromissos e a importância de trabalhar para a formação de um ambiente com cumplicidade, compreensão e diálogo.

Todo esse aprendizado não contribuiu apenas na minha formação como um sonhador que realiza, mas também como pai de família, profissional e cidadão. De que adiantaria tanto sonhar, se eu não tivesse um direcionamento para realizar tais sonhos?

FÁBRICA DE SONHOS

Quando comento sobre esse ato de passar adiante uma cultura de sonhar – e até mesmo de adotar sonhos – lembro-me de alguns exemplos bem marcantes de pessoas que começaram trabalhando ainda jovens comigo que, após aprenderem na minha empresa, lançaram-se no mercado como empreendedores.

Um deles é o Mariano, que há 18 anos começou a trabalhar na minha loja, em Madureira, onde pude ensiná-lo sobre as operações da loja, todos os processos, a organização necessária, como vestir e como não vestir. Ele permaneceu conosco na loja por dez anos, depois saiu para trabalhar em outra empresa e, finalmente, há dois anos, abriu o próprio negócio.

O que me deixou muito feliz foi que, antes de ele começar com a empresa dele, me procurou para ouvir conselhos sobre empreendedorismo, mercado, *sobre como poderia fazer a loja se firmar etc. Tal atitude me fez muito feliz e honrado, porque comprovou que em todos aqueles anos que ele passou conosco uma semente foi plantada em seu coração, e ali começaram a nascer seus sonhos de empreender.*

Sinto-me muito feliz por ser um empresário que gera empregos em um país onde o desemprego ainda é uma triste realidade. Mas me sinto ainda mais grato a Deus por ser um empreendedor que ajuda a plantar sonhos nos corações das pessoas.

Agora, para dar sua voz e toque ao assunto, com a palavra... Sabrina!

SONHO A DOIS

Marcelo era, é e sempre será, um sonhador. E quando afirmo isso, não me refiro a essa característica como algo negativo, mas, sim, como bastante positivo, porque nunca sonha em vão. Marcelo sonha para realizar. Quem o vê hoje, com uma família formada, junto a mim e nossas filhas, talvez não imagine toda a transformação que ocorreu em sua vida, após ser adotado pela família adotiva.

E não somente Marcelo é grato por tal adoção afetiva, mas eu e nossas filhas também o somos, porque foi uma atitude essencial para formar o homem com quem me casei. Não tenho dúvidas que Marcelo sempre teve em seu coração a bondade e a vontade de formar uma família, mas sei que se ele não tivesse recebido todo o apoio que recebeu na adolescência e juventude, com um lar bem formado, o incentivo aos estudos e uma estrutura para trabalhar, adquirir e lidar com as responsabilidades de maneira bem organizada, talvez não conseguisse expressar todo esse amor ou mesmo transformar em ações todo esse desejo de ser um bom pai e um bom marido.

É visível que ele hoje coloca em prática, no nosso lar, todos os ensinamentos que recebeu de sua família adotiva. Ele cuida e sempre cuidou de nossas filhas com muito amor e dedicação. E isso também se traduz na definição de limites, nas chamadas de atenção quando é preciso e no ensino sobre as responsabilidades de cada um.

Fica também muito claro que todo o seu talento natural para os negócios teve um bom desenvolvimento no tempo em que trabalhou na loja dessa família, porque ele remete muitos de seus conhecimentos àquela época. Sem dúvida alguma, eles ensinaram Marcelo a desenvolver sua vida em família, como também o inspiraram para uma brilhante carreira profissional. A eles, minha gratidão.

Sabrina Rodrigues

3

SER JOVEM É SER LIVRE PARA SONHAR

Sonhos de juventude são balizas sem goleiro

"Sucesso não é acidente. É trabalho duro, perseverança, sacrifício e, acima de tudo, amor pelo que você faz ou está aprendendo a fazer."

PELÉ
(Ex-jogador de futebol brasileiro)

3

O futebol sempre me fez brilhar os olhos. Se me perguntarem desde quando sou apaixonado pelo esporte, responderei que essa paixão existe em mim desde que ainda não tinha discernimento suficiente para diferenciar sonho de realidade.

Por volta dos 12 anos, quando estava mais atento à importância de trabalhar para conquistar o que queria na vida, mantinha ainda vivo o sonho de, um dia, me tornar jogador de futebol. E o que fazia essa chama continuar acesa em mim eram principalmente estes dois fatores: a paixão pelo Flamengo e ver o Zico brilhando nos gramados, com suas jogadas e gols geniais.

Enquanto outros sonhavam com as histórias em quadrinhos do Super-Homem, do Capitão América e do Fantasma, eu e meus amigos tínhamos nessa verdadeira lenda do esporte a figura do nosso herói. Com nossa imaginação, qualquer campinho de várzea ou quadra do colégio rapidamente se tornava um Maracanã. E cada um incorporava seu próprio "herói" do futebol. Eu, logicamente, sempre quis ser o Zico.

Na escola, me sentia até um tanto "torturado", porque minha sala de aula tinha vista justamente para a quadra de futebol. Aquela situação era irresistível para mim. Quando a professora chegava ao meu nome na chamada, há muito eu havia pulado a janela e já estava lá embaixo, jogando bola com os outros garotos.

Mas, como já mencionei, sonho de criança também cresce em fases, vira sonho de adolescente e depois amadurece...

TENTANDO DAR CORPO AO SONHO

Enquanto a criança simplesmente sonha, à medida que cresce, as decisões surgem em seu caminho e os sonhos parecem querer se tornar realidade. Comigo não foi diferente: eu queria me tornar um jogador de futebol profissional porque, para mim, a ideia de ganhar dinheiro fazendo o que mais gostava era muito sedutora.

Fato é que esse sonho pareceu se aproximar da realização quando, durante um torneio de futebol de salão, um olheiro convidou a mim e outros meninos para jogar uma partida em um campo do interior. Nessa partida, tive oportunidade de conhecer vários outros garotos que, assim como eu, tinham o sonho de se tornar jogadores profissionais, mas já estavam mais avançados no caminho da realização.

Como contei em capítulos anteriores, apesar de ter morado na capital com minha família adotiva por algum tempo, a dificuldade que tive de me adaptar à nova realidade que se colocou diante de mim naquele lar me trouxe de volta a Guapimirim e passei a tentar de maneira mais concreta a carreira no futebol. Quando voltei para Guapi, por volta dos 14 anos de idade, estava decidido a me tornar jogador de futebol.

Nesse retorno, reencontrei colegas que havia conhecido naqueles jogos organizados pelos olheiros e, anos mais tarde, um desses garotos, meu grande amigo Claudinho, o Gato, me convidou para também tentar entrar para o time.

— Marcelo, bora fazer um teste lá na Portuguesa? – me convidou.

— Vambora, pô! – respondi imediatamente.

A proposta era que, caso fosse aprovado para integrar a categoria de base do time da Portuguesa, mesmo morando novamente em Guapimirim, passaria a treinar pelo clube e participar de alguns jogos da categoria na capital. Para um garoto que nasceu e viveu na pobreza, apaixonado pelo esporte, aquela parecia ser uma bela oportunidade de finalmente iniciar uma carreira profissional no futebol.

Chegando ao Centro de Treinamento, Claudinho falou com a comissão técnica e conseguiu a autorização para que eu fizesse o teste. A prova era jogar com diversos outros garotos durante cinco a dez minutos, para que analisassem minhas qualidades como jogador. Naquele dia, tive bastante domínio de bola – mesmo durante o pouco tempo em campo – e acabei chamando a atenção do treinador por isso. Então, ao final do treino, me perguntaram:

— Quem te trouxe, garoto?

— Eu vim com o Claudinho. - respondi.

— Está certo! Pode voltar amanhã para fazer mais um teste. – eles disseram.

Claudinho já estava no clube há algum tempo, e digamos que já tinha um bom posicionamento entre os membros da comissão técnica das categorias de base da Portuguesa, pois era o craque do time. Então já que havia chegado lá por indicação dele, e conseguido me sair bem no teste, estava aprovado para o dia seguinte.

VIDA DE JOGADOR X VIDA DE CRAQUE

Agarrei-me àquela oportunidade. Mas, na realização desse sonho de ser jogador de futebol, não contava mais com aquela rede de apoio que tinha na capital. Para ir de Guapimirim à Ilha do Governador – onde aconteciam os treinos da Portuguesa. - eu tinha de pegar dois ônibus. Como pegaria esses transportes? Não tinha nenhum dinheiro para isso.

Tive de voltar a trabalhar como vendedor de rua em Guapi para arrecadar o dinheiro para os treinos, mas nada disso era garantido. Então, às vezes, eu tinha como pagar a passagem dos ônibus, mas outras vezes precisava pegar carona na caçamba de algum caminhão ou tentar passar por baixo da catraca do ônibus para chegar ao treino.

A cada trajeto feito, comemorava uma conquista. Muitas vezes, eu conseguia até chegar ao treino, mas não tinha dinheiro para voltar. Por isso, acabava dormindo no Centro de Treinamento e voltava somente quando tivesse condições para isso. Em uma época na qual nem mesmo telefone fixo nós tínhamos em casa, quanto mais um celular, eu simplesmente deixava minha mãe de sobreaviso.

— Mãe, estou indo treinar. Se não voltar, é porque tive que dormir por lá. – dizia.

Creio que o coração aflito de mãe era consolado pela experiência de quem já havia se acostumado com um filho que passava o dia fora de casa, jogando bola nos campinhos de várzea e tomando banho de cachoeira pela região da Baixada Fluminense.

A verdade é que, muitas vezes, até mesmo eu só descobria onde iria almoçar, jantar ou dormir, depois dos treinos. Por vezes, tinha de me virar ali pela base do clube mesmo. Mas também acontecia de algum amigo que morava com os pais na capital, sabendo que eu estava sem dinheiro, me convidar para a casa dele. Confesso que, quando isso acontecia, fazia festa no meu coração, porque me sentia muito bem cuidado pelas famílias dos meus amigos.

Na maioria das vezes, essas famílias não eram exatamente ricas, mas desfrutavam de certa fartura no almoço. Era uma alegria muito grande quando eu tinha a certeza de que chegaria à casa do meu amigo e poderia fazer aquele prato caprichado de comida, sem precisar regular, com medo de que faltasse para outra pessoa da casa. Toda aquela fartura me enchia os olhos e, sinceramente, às vezes até me assustava um pouco.

Dos amigos que frequentemente me convidavam à sua casa, estavam o Marcelo Carlos e o Wagner, cujas mães me recebiam com a maior alegria e carinho. As famílias não eram ricas, mas havia sempre muita fartura de amor e acolhimento naqueles lares.

— Gente, pra quê tudo isso de comida? Só vão comer quatro pessoas e a tia fritou dez bifes! – eu comentava, rindo, quando me sentava à mesa.

Em um desses dias, na casa de outro amigo chamado Careca, o luto recaiu sobre o lar. A mãe dele – que também nos tratava como filhos – havia falecido há três meses. Aproveitamos então aquele momento junto com nosso amigo para apoiá-lo, ceder nosso ombro e mostrar nosso companheirismo.

Ele era reserva do time e prometeu que, se tivesse a oportunidade de entrar no jogo e fazer um gol, o faria em homenagem à mãe, por ser naquele dia o domingo em que se comemora o "Dia das Mães". Parecia que o Criador havia arquitetado tudo no dia daquele jogo.

Como planejado, no segundo tempo, o Careca entrou em campo e fez um golaço. Quando foi para a torcida, homenageou sua mãe e aquele momento foi tão emocionante para os jogadores de ambos os times, que sabiam do falecimento, que todos choraram bastante.

Por esses e outros motivos, considero que meu tempo como jogador na Portuguesa não foi em vão. Naquele tempo, aprendi muito sobre amizade, companheirismo, cumplicidade e o amor expresso no estender das mãos amigas, que acontecia diariamente entre aqueles garotos.

Ser recebido por aquelas famílias era muito mais do que ganhar um prato cheio de comida ou ter um bom lugar para dormir. Era também receber o carinho de pessoas boas, de coração aberto, que se doavam sem medidas. Essas idas às casas dos amigos muitas vezes me soavam como se, por aquele dia, trocasse a incerteza do que comer no Centro de Treinamento por uma comida feita com amor; trocasse o desconforto das chuteiras velhas e rasgadas que tinha de usar para jogar pelo conforto de uma boa cama.

A verdade é que a vida de jogador de futebol comum é bem diferente da vida que um craque leva em um grande time de projeção nacional ou até mesmo algum time estrangeiro. Os carrões importados, as mansões milionárias e as participações nos programas de TV não são uma realidade comum a todo jogador. Apenas uma parcela muito pequena desses atletas vive todo esse *glamour*; e o restante, muitas vezes, luta para pagar suas contas e sofre com salários atrasados.

UMA ESPERANÇA SURGIU

Com o passar do tempo, todo o meu esforço para comparecer aos treinos começou a surtir alguns resultados. Consegui, enfim, passar pela "peneira" e jogar nos campeonatos da base pela Portuguesa. Fomos campeões em torneios enfrentando times pequenos, mas também times da base de clubes grandes, como o Flamengo, no campeonato da Funabem (Fundação Nacional do Bem-estar do Menor), no Rio de Janeiro.

O tempo foi passando e o treinador gostando cada vez mais da minha dedicação e dos meus resultados. Confesso que nunca fui craque, mas sempre fui muito esforçado. Não penso que isso seja regra, mas é bem comum acontecer no mundo do futebol e até mesmo em outras áreas da vida. A questão é que, muitas vezes, o esforço e a dedicação podem se sobressair ao talento.

Quem é craque no que faz corre o risco de se acomodar e confiar demais no próprio talento, enquanto quem não tem o "futebol moleque nos pés" e deseja alcançar destaque na vida, se dedica muito mais.

Se precisava estar no Centro de Treinamento às 7h, às 6h em ponto já estava pronto no local; se o treino acabava ao meio-dia, eu ficava lá até às 14h para melhorar meu condicionamento. A própria história do Zico me serviu muito de inspiração, porque ele contava que após os treinos sempre continuava em campo, treinando chutes a gol, cobranças de falta e outras jogadas.

"Se o Zico, que é um craque, já fazia isso quando era mais novo, imagine eu, que estou só começando e lutando pra me destacar. Vou me dedicar igual a ele.", pensava.

Eu não tinha muita força nas pernas, como outros garotos maiores do time. Então pegava uma bola de 5 kg que tinha no clube e ficava treinando com ela chutes contra a parede. Ao final daquelas sessões, minhas pernas estavam bem doloridas, mas eu sabia que precisava daquilo para criar resistência e aumentar a potência dos meus chutes.

Também treinava jogadas em que era preciso cabecear e me esforçava para pular o mais alto que podia. Passava horas cabeceando aquela bola pendurada... umas 100 cabeçadas por treino. Dedicava-me ao máximo. E foi por conta dessa dedicação que os próprios dirigentes da Portuguesa começaram a me dar o dinheiro da passagem e do almoço. Fui um dos poucos meninos que jogaram lá que, apesar de não ter salário, recebia ajuda de custo para transporte e alimentação... E tinha vivo o sonho!

Com toda essa determinação, consegui surpreender muito a comissão técnica, que se perguntava como era possível um garoto jogar na posição de zagueiro com apenas 1,69 m de altura. Muitos fãs de futebol diriam que isso é praticamente impossível. Mas, além do Zico, tinha minhas referências específicas sobre isso também.

Havia um zagueiro que jogava no Milan naquela época e se chamava Baresi. Além do Zico, a carreira daquele jogador também me inspirou bastante – de uma maneira mais específica – a acreditar que poderia vencer a limitação da minha estatura e me tornar um destaque na zaga do time, porque ele também estava abaixo da altura média dos outros atletas que jogavam nessa posição. Minha dedicação foi tanta, que os outros garotos do time me apelidaram de Baresi, pois eu era um zagueiro "baixinho", mas matava a bola no peito, dominava e saía jogando.

O resultado de todo esse esforço não poderia ter sido diferente: o time me queria na categoria de base, jogando por ele e, mesmo não tendo me tornado um craque, me tornei um jogador que o clube não queria dispensar, pois dava provas de que poderia contar com meu empenho nos jogos.

Toda essa dedicação não foi algo que pratiquei apenas no futebol, mas também em outras áreas da minha vida. Por ter de lidar frequentemente com a falta – seja de recursos ou de oportunidades – passei a entender que não podia permanecer sempre esperando e deveria criar o momento, fazer acontecer, dar meu jeito.

Da mesma forma que estendia a permanência nos treinos para me dedicar às cobranças de falta, chutes a gol e desenvolver mais resistência nas pernas, também sempre me esforcei para focar nos meus objetivos, mesmo que alguém me dissesse que não teria aptidão para aquilo. "Como é possível um zagueiro baixinho?"; "Como é possível um vendedor de rua alcançar o sucesso?"; "Como é possível crescer na vida sem concluir os estudos?". Minha dedicação respondia a todas essas perguntas, que pareciam se referir a "sonhos impossíveis", e acabei provando que nenhum deles era de fato inalcançável para mim.

FOI BOM ENQUANTO DUROU

Jamais poderei negar que minha experiência no mundo do futebol foi muito legal. De fato, conheci diversas pessoas importantes, que fazem parte da minha vida até hoje. Mas depois de três temporadas jogando pelo clube, com o que chamávamos de "contrato de gaveta" – que dava ao time direito de exclusividade sobre minha carreira de atleta, mas, ainda assim, sem receber salário, passei a repensar minha carreira como jogador.

Eu queria minha liberação para tentar contrato com outros times, mas o clube não me liberava nem vendia. Nessas três temporadas, tive a oportunidade de jogar contra times como Vasco da Gama, Bangu, América, e até meu amado Flamengo. Então pensei:

— Cara, já realizei uma parte do meu sonho, mas não sei se vou conseguir realizar o restante porque já estou perto dos meus 18 anos e minha carreira ainda não decolou. Por isso, tenho que decidir: ou volto para o Rio de Janeiro e tento alguma coisa melhor e mais garantida ou fico martelando aqui, sem conseguir me sustentar, como jogador de futebol.

A verdade é que, quando se tem um sonho, é muito difícil saber a hora de parar de sonhar e seguir em frente com outro projeto de vida. Mas eu já não era mais aquele garoto que jogava nos campinhos de várzea e tomava banho de cachoeira em Guapimirim. Tinha experimentado o que era viver em um lar, com responsabilidades.

Como se Deus já sondasse meu coração desde o princípio, formou um cenário em que meus anseios tiveram resposta certa. Exatamente nesse momento, recebi o convite do casamento da minha irmã do coração, filha dos meus pais adotivos, que sempre chamou minha atenção para a importância de me dedicar aos estudos.

Durante o reencontro com a família, no casamento, que já contei com detalhes no capítulo 2, diante do convite para trabalhar na loja, me deparei com uma grande decisão a ser tomada em minha vida:

"Se eu continuar tentando a vida de jogador no clube, talvez permaneça do mesmo jeito, jogando sem receber e dependendo da ajuda dos amigos pra sobreviver. Já na casa dos 'tios', terei o apoio de uma família que me ama, um teto pra morar e comida todo dia, além de uma oportunidade de emprego. Preciso decidir pelo que é mais seguro e sensato.", pensei.

Hoje, posso dizer com segurança que jamais me arrependi da escolha que fiz. Afinal de contas, não saí do futebol com um sentimento de frustração, mas, sim, de que consegui ir até onde foi possível, pois como dizem nas redes sociais, existe uma certa distância entre expectativa e realidade. Dos tempos nos gramados, ficaram as boas lembranças dos campeonatos, das vitórias, os preciosos aprendizados e, acima de tudo, as valiosas amizades. Ah! Como aquelas amizades me fizeram bem! Prova disso é que mantenho contato com muitos amigos daquela época até os dias atuais. E grande parte deles me diz a mesma coisa:

— Marcelo, você parou na hora certa! Muitos de nós não teve a mesma visão que você. Tentamos continuar e nossas carreiras não deram certo. Também devíamos ter parado pra tentar outras oportunidades.

No final de tudo, creio que, para mim, o futebol era e sempre será uma grande paixão, mas meu sonho… meu sonho sempre foi algo bem mais importante que todo o universo do futebol na minha vida: que era ver minha família formada, esposa e filhas, todas bem cuidadas e realizadas. Viver em um lar como o que vivo hoje sempre esteve acima de qualquer carreira de craque. E quando me dei conta disso, entendi que não há motivo para me sentir frustrado por ter abandonado os gramados.

> *Muitas vezes, é preciso entender que
> certos "sonhos" se tornam grandes paixões e
> passam para um segundo plano para que possamos
> realizar nossos verdadeiros sonhos em amor.*

E por falar em paixão, especialmente pelo Flamengo, meu time do coração segue proporcionando momentos únicos, como uma oportunidade que tive recentemente de entrar em campo com alguns veteranos do clube, durante uma partida beneficente. Puxa! Meu coração parecia não caber no peito de tanta felicidade. Assim, a sensação de que o futebol continua ocupando um lugar especial na minha vida, embora não decisivo, se confirmou ainda mais.

SONHOS SE REALIZAM COM AÇÕES

Quando afirmo que minha passagem pelo mundo do futebol me ensinou bastante – apesar de não ter se tornado de fato minha carreira profissional – me refiro também à valiosa lição de que qualquer pessoa pode e deve sonhar.

Mas também que os sonhos só se tornam possíveis de realizar quando começamos a viver o que está à nossa volta, quando nos inserimos no ambiente em que as ações relacionadas a eles acontecem. Se eu tinha o sonho de seguir carreira de jogador de futebol, não conseguiria isso apenas jogando pelada nos campinhos de várzea com meus amigos em Guapimirim quando tinha vontade. Eu precisava dar um passo maior, me envolver com quem fazia acontecer, dormir no Centro de Treinamento, quando essa era minha única opção, dar o máximo de mim nos treinos e até mesmo sentir as dores que essas práticas me traziam.

Se consegui, de fato, satisfazer a vontade de jogar futebol profissionalmente em campeonatos das categorias de base no Rio de Janeiro –

ainda que sem receber salário – devo isso à decisão que tomei de correr atrás do meu sonho de infância, de ter ido atrás, ter feito o que fosse preciso para viver essa experiência. Sim, a palavra é experimentar. Como saber se a paixão é sonho se não experimentar?

A verdade é que, durante a infância, os sonhos têm toda uma beleza, um caráter plenamente lúdico, mas, quando chega a adolescência e a juventude, quem realmente quer realizá-los, passa a levantar cedo, arruma sua própria cama e parte em busca do que é preciso fazer para alcançar seus objetivos. Quem simplesmente se deixa levar pela inércia – faz o básico e, no restante do tempo, se joga no sofá para jogar *videogame* ou curtir um filme – está matando seus próprios sonhos.

Vale lembrar que eu não vivia exclusivamente para o sonho do futebol, mas também continuava "acordando" do sonho para seguir trabalhando durante a noite – das 21h às 7h – como servente de pedreiro nas obras, levantando o dinheiro que precisava para pagar as passagens de ônibus ou me alimentar quando ia ao Rio de Janeiro treinar. Muitas vezes, ia direto da obra para os treinos e chegava ao Centro Técnico já cansado, mas não reclamava, nem me chateava.

Fiz tudo o que estava ao meu alcance e consegui jogar contra grandes clubes do meu Estado, até que entendi que havia vivido o que era para viver em relação ao futebol e precisava partir para outro trabalho, pois, no esporte, já havia chegado a um ponto em que não avançaria mais.

Confesso que, além da insegurança financeira, o universo do futebol como um todo se tornava um empecilho para a realização do meu sonho maior, que sempre foi construir minha família – esposa e filhos, pois as viagens para jogos, as concentrações e a exposição na mídia acabam afastando muito os jogadores de suas famílias, prejudicando a convivência e a construção de um lar harmonioso.

Diante de toda essa realidade, quando minha irmã afetiva me fez o convite para voltar à casa e seus pais, voltar a estudar e trabalhar na loja deles, entendi que aquela era a chance de finalmente colocar minha vida nos trilhos.

"Pô, deixa eu voltar pra cá e estudar, porque é aqui que vou trabalhar e ser alguém na vida.", pensei.

A paixão pelo futebol permanece, mas meu grande sonho realizado sempre foi mesmo o bem-estar da minha família.

Todas as manhãs, me levanto agradecendo a Deus pela família que tenho, pelo meu trabalho e pela qualidade de vida que alcancei junto aos meus. Sentamo-nos à mesa para comer juntos, conversamos, cuidamos uns dos outros, tratamos nossas questões e cuidamos para que diariamente nossos vínculos se fortaleçam. Tudo isso passou a falar bem mais alto do que a paixão que era o futebol para mim. Se analisarmos bem, esse sonho de possuir uma família já era sinalizado em vários momentos da minha vida.

Se me senti livre para sonhar na juventude? Sempre!

A prova disso é que foi justamente nessa época que decidi por mim mesmo que correria atrás daquilo que acreditava ser o meu grande sonho. Fui – e ainda sou – livre para sonhar e também para perceber quando é hora de acordar do sonho que se tornou paixão para sonhar com algo ainda maior.

O ADULTO E A CRIANÇA

Apesar de ter atualmente uma vida bem diferente da que tinha aquele garoto sonhador, vendedor de sacolé, não deixo de trazer comigo importantes aprendizados que me marcaram naquela época. E permito que aquele menino ainda me ensine de alguma forma, me lembrando daquilo que não posso deixar se perder.

Uma das lições que aquele menino segue me lembrando é sobre o valor de manter a essência, de não perder a simplicidade e não se esquecer das minhas raízes, do lugar de onde vim. Sou a mesma pessoa que nasceu em Guapimirim e, todos os dias, deixo que aquele garoto me lembre:

"Marcelo, não deixe o sucesso e a prosperidade subirem à cabeça!".

Esse mesmo garoto continua lembrando não apenas ao Marcelo cidadão e pai de família, como também ao empresário, sobre os elementos importantes que são necessários ter em mente, como a importância de não esquecer o quanto as pessoas são fundamentais para os negócios.

Sou sempre o mesmo dentro da loja. Seja desde a época em que era apenas um colaborador ou seja como o empresário de hoje. É óbvio que existem momentos em que preciso ser firme ou mais assertivo. Mas tudo isso é feito porque acredito no potencial de cada colaborador e creio que podem crescer muito em suas carreiras. Por isso, nada me impede que, depois do "puxão de orelha", eu saia para almoçar com eles e termine o dia dando boas gargalhadas com todos. Quero estar próximo deles exatamente porque sei que cada um dá sua contribuição para o crescimento da empresa.

FÁBRICA DE SONHOS

Do futebol ao empreendedorismo, ao longo da minha caminhada acabei inspirando pessoas a iniciar seus negócios, mesmo que fizesse isso sem perceber. Um exemplo disso foi meu xará Marcelo Carlos, que chegou a jogar futebol comigo na categoria de base da Portuguesa.

Depois, ele acabou se formando como técnico em Radiologia, mas sempre sonhou em empreender no ramo da gastronomia e, quando planejava abrir sua primeira empresa, me procurou para aconselhá-lo. A atitude dele me deixou feliz e me fez sentir muito honrado, porque foi o sinal de que ele me viu como alguém que trilhou o caminho certo, um modelo a ser seguido.

É bem verdade que meu negócio é de um ramo diferente do dele, mas no tocante a empreendedorismo de modo geral, tive o maior prazer em ajudá-lo e sou muito grato a Deus por poder, de alguma forma, seguir inspirando empreendedores a iniciar suas empresas no Brasil, vencendo tantos desafios, gerando cada vez mais empregos para a população e movimentando a economia do país.

Não poderia deixar de lado a visão dela sobre todo esse meu processo de crescimento. Por isso, com a palavra... Sabrina!

SONHO A DOIS

Nunca visualizei meu futuro simplesmente ao lado de um jogador de futebol ou de um empresário. Sempre sonhei em estar ao lado de um homem realizado, porque isso faz muito bem à família como um todo.

No início do meu casamento com Marcelo, alguns dirigentes da Portuguesa chegaram a procurá-lo, para que voltasse a jogar. Chegamos inclusive a cogitar essa possibilidade juntos, porque via o quanto ele sempre foi apaixonado por esse esporte.

A verdade é que o único fator que pesou para que ele conseguisse meu apoio foi sua sensação de realização pessoal. Quanto ao *glamour* vivido pelos grandes nomes do futebol e suas famílias, isso nunca me atraiu. Da mesma forma, a insegurança financeira que sabia que teríamos de enfrentar enquanto a carreira dele não decolasse também não me amedrontava.

Afinal de contas, incerteza por incerteza, no início do nosso casamento, nada era garantido. Eu e Marcelo tínhamos de trabalhar tanto que não tínhamos tempo para pensar, chorar, lamentar ou murmurar a situação. Só pensávamos em dar o melhor que podíamos para a nossa filha. Final de semana ou feriado, não tínhamos hora para folgas.

Com as contas sobre a mesa, lápis na mão e calculadora, sonhávamos e planejávamos juntos o que deveria ser feito para alcançarmos nossos objetivos.

No final de semana, comprávamos aquele franguinho assado de dez reais, eu fazia um arroz e comíamos em casa mesmo, porque não tínhamos dinheiro para almoçar fora. Nosso domingo era só para descansar, recuperar as forças e voltar na segunda-feira.

Quando nossa filha mais velha nasceu, colocamo-na logo na creche. Não a vimos se sentar ou engatinhar pela primeira vez, porque passávamos o dia longe. Eu a buscava às 19h e Marcelo chegava em casa às 22h. Para conseguirmos trabalhar no sábado, tínhamos de deixá-la com minha sogra ou levá-la para a casa da avó em Guapimirim.

Mas, enquanto avaliávamos toda a situação, confirmamos mais uma vez que ele poderia ser apaixonado por futebol, mas seu sonho maior estava – e ainda está – acima disso: no bem-estar de nossa família. E essa era mais uma razão pela qual ele sempre conquistou meu apoio. Marcelo nunca me deixou em dúvida quanto às suas intenções de dar o melhor de si para garantir nosso sustento. É por isso que, até hoje, me disponho a sonhar junto com ele, porque sei que jamais faria algo que fosse prejudicar nossa família.

Sabrina Rodrigues

Parte 2:
SONHAR PARA REALIZAR

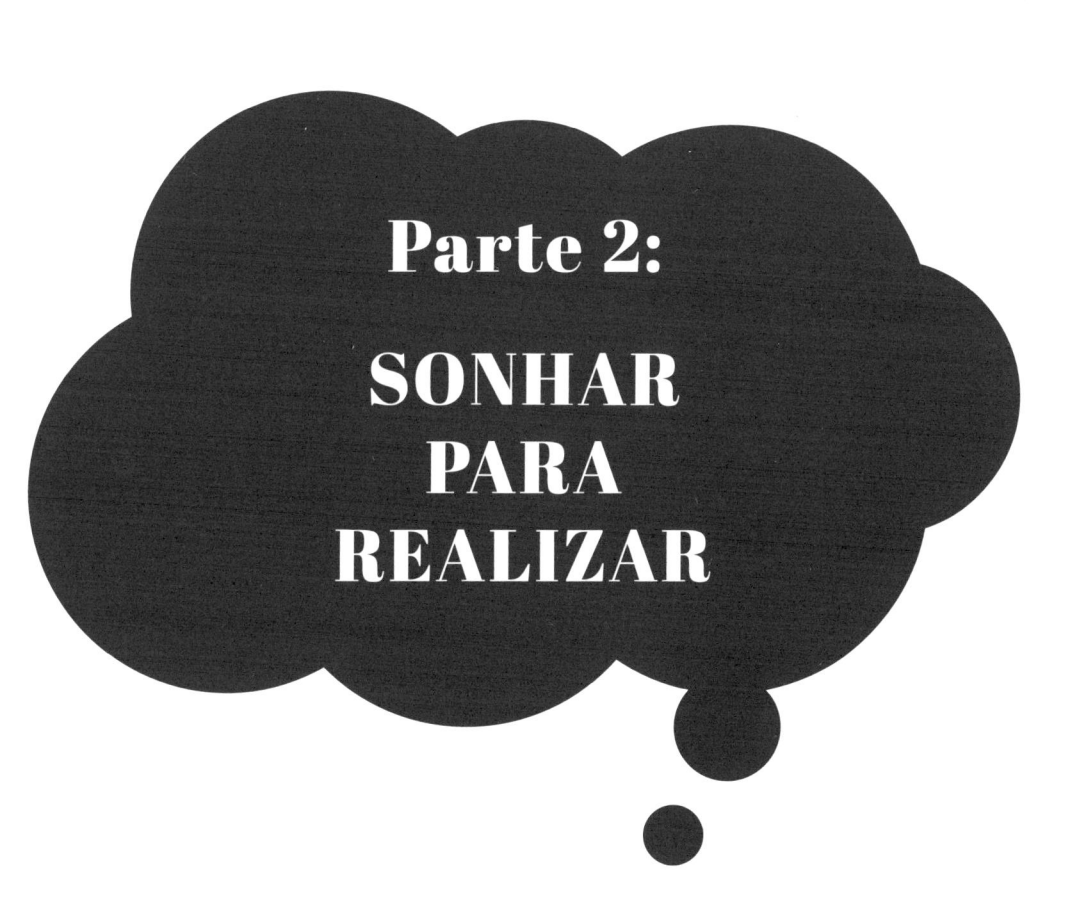

4

SONHO A DOIS É ACORDAR PARA AMAR

Amor não põe mesa, mas fortalece os sonhos

"Os que sabem o que querem e querem o que têm! Sonhar um sonho a dois, e nunca desistir da busca de ser feliz, é para poucos!"

**CECÍLIA MEIRELES
(Jornalista, pintora, poeta, escritora e professora)**

4

Até aqui, você tem lido, ao final de cada capítulo, as palavras da minha amada esposa, falando sobre os nossos sonhos a dois e os desafios que vencemos de mãos dadas. Mas quero agora contar como nos conhecemos e tomamos a decisão de sonhar juntos para o resto de nossas vidas. Sei que a memória costuma nos trair, mas, nesse caso, tenho certeza de que me lembro de cada detalhe como se fosse ontem.

Era fim de tarde de um sábado, no dia 5 de janeiro de 1996. Eu estava sentado com alguns amigos no Bar do Cabana, em Guapimirim, quando um deles viu aquela garota linda passando do outro lado da rua. Seus cabelos longos, negros e cacheados recaíam sobre a linda jardineira rosa-clara que ela estava usando.

— Aí, Marcelo, tem garota nova na cidade. – ele disse.

— Opa, garota nova? Então vou lá falar com ela. – respondi, na reação automática de rapaz namorador.

— Duvido que você consiga chamar essa garota pra sair, cara. – outro comentou.

— Como é que é? Mas agora é que vou mesmo! E pode apostar aí uma garrafa da cerveja mais gelada que tiver no Cabana que vou sair com essa garota. – disse, já me levantando da cadeira, sem perder tempo.

Então entrei no meu Apollo vermelho – carro que tinha na época – coloquei meus óculos escuros, virei o boné para trás e estacionei na esquina do banco. Rapidamente, mostrei a ela o cartão das lojas em que trabalhava e me apresentei:

— Opa, está aqui meu cartão, com o número pra você me ligar. Sou dono dessas lojas aí. – disse, apontando para o cartão.

É claro que eu não era dono da loja, mas, sim, funcionário, porém, de alguma forma, já profetizava que um dia teria meu próprio negócio. Sabrina riu da minha atitude um tanto quanto descarada, pegou o cartão da minha mão e continuou andando pela rua, sem dizer uma palavra.

Apesar de, naquela época, ter sido o tipo de rapaz namorador, Sabrina me chamou atenção desde o começo. A atitude dela em não ter me dado muita bola logo de início me fez pensar que ela era diferente de tantas outras garotas que já havia conhecido até então. Além disso, eu havia apostado com meus amigos e não gostava de perder. Então a motivação para conquistar Sabrina era dupla.

No dia seguinte, estava novamente na praça do Bar do Cabana e, naquela noite em particular, estava lotado. Vi Sabrina passando novamente pelo outro lado da rua e imediatamente deixei a mesa onde estava com meus amigos para ir a seu encontro. Mas acabei a perdendo de vista. E quanto mais minhas tentativas eram frustradas, mais vontade tinha de encontrá-la.

Até que, no dia 20 de janeiro, eu estava de volta a Guapimirim, decidido a encontrar Sabrina novamente porque não aguentava mais de vontade de conversar com ela e conhecê-la melhor. Então, no dia seguinte, fui com uma moça para a casa de uns amigos em Iguaba, mas minha cabeça já não estava mais naquele momento, mas, sim, no reencontro com Sabrina. A prova disso é que, logo depois que chegamos à casa dos meus amigos, falei à garota que estava comigo:

— Vou embora. Não vou ficar aqui. Você vai embora comigo ou quer ficar?

— Mas vai embora por quê? Nós acabamos de chegar... – argumentou ela.

— Porque quero ir. E como peguei você em casa e falei com sua mãe que você estaria comigo, acho bom te levar de volta também – respondi.

A garota não gostou daquela minha decisão repentina, mas acabou aceitando que a deixasse de volta em casa. Assim que a deixei, fui procurar saber onde Sabrina morava. Perguntando na vizinhança, que eu já conhecia bem, me indicaram onde era a casa dela.

— Ah, sim! Eles moram ali naquele casarão, na rua do alto da cachoeira. – me disseram.

Passei em frente ao casarão, toquei a campainha, esperei para ver se chegava alguém, mas não encontrei ninguém. Como já era de se imaginar, proporcionalmente a minha frustração, minha vontade de revê-la só aumentava...

"VOCÊ VAI SABER QUEM SOU EU"

Felizmente, minha espera durou apenas uns 20 dias, porque Sabrina me telefonou. Não perdi a oportunidade e marquei um encontro com ela.

— Aí! Estou te procurando há um tempão e não te acho! Ainda bem que você me ligou aqui na loja. Quando e onde a gente pode se encontrar? – perguntei.

— Está certo, vamos nos encontrar. Eu estou aqui em Madureira, vem pela linha do trem e a gente se encontra no *shopping*. – ela respondeu.

Madureira? Eu nem sabia onde ficava esse bairro direito, mas topei o local indicado, assim como toparia um encontro em qualquer outro lugar. Onde seria não me importava, o importante mesmo era que iria finalmente encontrá-la. E estava decidido a namorar sério com ela. Enquanto combinávamos o encontro por telefone, eu sugeri de levar dois amigos comigo e que ela também levasse duas amigas. Então Sabrina perguntou:

— Mas como vou saber qual deles é você?

— Vou te reconhecer fácil. E você vai saber quem sou eu porque já vou chegar te beijando. – respondi.

Então me informei sobre como chegar ao *shopping* e parti para lá. Fiz exatamente como combinei com ela, levei dois amigos e ela também levou duas amigas. Quando a vi, não conversei muito, dei-lhe logo um beijo na boca.

Depois do nosso primeiro encontro, estava voltando com a Sabrina, as amigas dela e meus amigos no carro; e, quando estava subindo a ladeira no caminho para a casa dela em Turiaçu, passamos em frente ao Bar do Oncinha, onde estava sentado o pai de Sabrina. Ela, que estava no banco do carona, ao meu lado, se abaixou rapidamente, assustada.

— Caramba! O meu pai! – disse, abaixando-se.

Quando olhei para o lado, lá estava ele, com um cabelão, escutando funk proibidão[1] em um carro de som, usando óculos escuros e com cara de mau. "Jesus, é aqui e agora que eu vou morrer", pensei, enquanto voltava meus olhos para a frente e continuava dirigindo, tentando manter a calma.

Mas passamos por aquele "vale da sombra da morte" ilesos e consegui levar Sabrina até o condomínio onde ela morava no Rio de Janeiro. Saí de lá sem falar com ninguém, ainda temendo pelo que poderia me acontecer, caso o pai ciumento descobrisse que eu havia saído com a filha dele.

QUEIMANDO AS FICHAS

A questão é que eu sabia que aquela situação não iria se sustentar por muito tempo e, por isso, quando ela estava em Guapimirim fui revê-la. Toquei a campainha e, por sorte, o pai dela não estava em casa. A mãe dela atendeu e eu me apresentei.

— Olá, sou Marcelo e gostaria de sair com sua filha para conversar.

— Está bem, mas o irmão mais novo dela vai junto com vocês.

Foi aí que Sabrina apareceu próximo à porta e disse:

— Tudo bem, ele pode vir com a gente.

Como sou rápido no raciocínio, assim que soube que teríamos de levar o garoto conosco, tracei logo a estratégia na minha mente. Fomos a uma lanchonete nas redondezas onde tinha um fliperama e comprei várias fichas para ele jogar, além de pagar pelo lanche.

---

[1] Funk proibidão é um estilo musical derivado do funk carioca, que surgiu durante a década de 1990 nas comunidades do Rio de Janeiro.

— Quantos sanduíches e doces o garoto aqui pedir, pode colocar na minha conta que eu pago. – disse à balconista da lanchonete.

Então, deixei o garoto no fliperama, acreditando que isso me daria tempo para que conversasse a sós com Sabrina, mas a estratégia não deu muito certo. Ele jogava mal, gastou todas as fichas rápido demais e também comeu tudo em uma velocidade que até me deixou assustado. Enfim, a comida dele e o jogo no fliperama acabaram antes da minha conversa com Sabrina e logo iria acabar também com todo o meu salário.

Ao final das contas, o irmão dela ficou entediado, foi embora sem que percebêssemos e, quando chegou em casa, sua mãe estranhou.

— E onde está a tua irmã, garoto? – a mãe perguntou.

— Ficou lá na lanchonete com o Marcelo. – ele respondeu, ainda limpando a maionese do canto da boca.

A mãe da Sabrina desceu a rua rapidamente até a lanchonete e a pegou pelo braço, estapeando a filha porque não cuidou direito do irmão mais novo. E eu fui embora porque, se continuasse ali, podia sobrar algum tabefe para mim também. Naquele dia dei sorte, porque o pai dela não estava em casa e não corri um "risco" maior, mas cedo ou tarde eu teria que encarar aquela situação.

No dia seguinte, subi a ladeira da casa dela na hora do almoço. Do lado de fora dos muros da casa já era possível ouvir o funk proibidão tocando em um volume bem alto e, quando cheguei lá, vi logo pela brecha do portão que ele estava sem camisa, de cabelo preso, óculos escuros e amolando a faca para o churrasco, enquanto curtia e cantava a letra daquele funk.

— "Vem um de AR 15 / E outro de 12 na mão / Vem mais um de pistola / E outro com 2 oitão / Um vai de URU na frente / Escoltando o camburão[2]". – dizia a letra da música.

— Vou só esperar um pouco para entrar, porque o homem está empolgado com a letra da música e "armado" com essa faca aí. Pode

---

[2] *Rap das armas*, composto por Francisco de Assis Mota Junior, Leonardo Pereira Mota e Serdar Ortac. Warner Chappell Music©.

não ser seguro agora. Quando ele largar essa faca eu toco a campainha e entro. – pensei.

Quando ele colocou a faca sobre a tábua de churrasco, toquei a campainha, pedi para entrar e, enfim, conversei com o pai dela. O clima estava meio tenso, mas, pelo menos, ele já não estava com a faca por perto. Então pedi a ele permissão para namorar Sabrina. Ele me olhou de cima a baixo, me observou calado por um tempo e, finalmente, disse:

— Está certo. Podem namorar, mas vocês precisam seguir as regras. Só podem se ver nos finais de semana. No sábado, podem ficar juntos até às 23h e nos domingos até às 20h, porque na segunda ela tem que ir pra escola. Se quiserem sair, têm de levar o irmão mais novo dela junto e cuidar direitinho dele. Ficou claro?

— Muito claro, senhor. Não se preocupe. – respondi, ainda com a minha pele voltando à cor natural.

CASAMENTO COM URGÊNCIA

Eu e Sabrina começamos a namorar em janeiro de 1996 e creio que – entre outras razões – as regras muito rígidas que os pais dela impunham sobre o nosso namoro fizeram que o desejo de nos casar surgisse logo muito cedo, com pouco tempo de namoro.

As oportunidades que tínhamos de ficar juntos eram pouquíssimas. Para nos encontrarmos, tinha de almoçar na casa dela todo domingo.

Uma saída para o cinema ou para a lanchonete também estava praticamente fora de questão, porque sempre tínhamos de levar o irmão mais novo conosco e, muitas vezes, até dar carona para a avó dela a vários lugares da cidade. Enfim, o tempo que restava para estarmos juntos era realmente escasso. Por isso, passamos a pensar em casamento após cerca de um ano de namoro, porque sabíamos bem dos nossos sentimentos um pelo outro e queríamos seguir a vida juntos com mais liberdade.

Para tentar amenizar toda essa restrição, até consegui com a empresa onde trabalhava, uma oportunidade de ir para uma nova loja da rede, em

Madureira. Dessa forma, ficaria um pouco mais perto da casa de Sabrina, já que esse era um dos poucos locais onde podíamos nos encontrar.

Mas o desejo de nos casar crescia cada vez mais e, então, me preparei para fazer oficialmente o pedido de casamento a Sabrina no dia do aniversário de 15 anos da minha irmã. Comprei as alianças, organizei um churrasco na casa da minha mãe, convidei Sabrina, os pais dela e o irmão mais novo. Como estavam todos reunidos ali, aproveitei para pedir a mão dela em casamento.

Realmente, foi uma surpresa para todos, porque preparei tudo em segredo. Os únicos que sabiam éramos eu e um casal de amigos nossos.

É óbvio que a preparação não ocorreu somente com relação ao pedido, mas também com relação a como iríamos pagar nossas contas quando nos casássemos. Afinal, eu já tinha emprego, mas queria aumentar meu ganho, para não viver o tempo todo no aperto e conseguir pagar as contas da casa com mais segurança.

Por isso, vi que chegava a hora de iniciar meu próprio negócio e, apesar de ter experiência com lojas de aluguel de roupas para festas, não queria investir nessa área naquele momento.

Então abri meu primeiro negócio de venda de perfumes de uma marca de cosméticos que fazia muito sucesso na época. A empresa dava um suporte muito interessante aos consultores de vendas e possibilitava até mesmo um plano de carreira, premiando aqueles que batiam ou superavam as metas do mês.

Com isso, logo me destaquei como vendedor e, em pouco tempo, consegui me tornar líder de uma equipe de vendas da marca. O dinheiro que conseguia a mais com a venda desses perfumes, economizava para comprar as coisas da nossa casa.

Além disso, o pai de Sabrina também nos ajudou a bancar a festa. Quando ganhamos da marca de cosméticos uma viagem a Foz do Iguaçu e ao Paraguai, como prêmio pelo bom resultado das vendas, ele nos deu uma quantia para comprarmos lá uns aparelhos de *videogames*. A intenção era revender e usar o lucro para ajudar com os custos.

Apesar de a ideia ser bem interessante, precisávamos pedir ajuda de todo o grupo que estava conosco no ônibus para que os aparelhos não fossem barrados na alfândega. Inicialmente, todos se prontificaram a levar consigo um *videogame*, para que assim a fiscalização não barrasse os equipamentos. Mas depois desistiram, porque achavam "humilhante" carregar consigo um produto do Paraguai.

— Ah, não! Não vou me arriscar com a alfândega por causa de um *videogame* do Paraguai, de onde vem tanta coisa falsificada. – muitos do grupo diziam.

Ao final das contas, tivemos que colocar todos os aparelhos como realmente sendo nossos. Eu e Sabrina ficamos muito preocupados, choramos, acreditando que não daria certo, mas nosso ônibus acabou passando livre pela fiscalização e meu sogro vendeu todos os aparelhos para pagar a festa do casamento.

"VAMOS ALI NO CARTÓRIO"

Eu e Sabrina estávamos nos preparando com agilidade para o casamento, mas confesso que o dia do nosso casamento civil foi certamente inusitado. Era tarde de uma terça-feira e estava ainda concluindo o meu expediente na empresa em que trabalhava em Madureira, quando Sabrina passou em frente à loja e me chamou.

— Marcelo, vamos ali no cartório comigo, rapidinho? – ela chamou.

— Vamos, mas o que você precisa fazer no cartório? – perguntei, já quase sendo puxado por ela.

— É rapidinho, só resolver um negócio ali. – ela respondeu.

Logo em seguida ela chamou o Antônio, nosso amigo e um dos donos da pensão próxima à loja; e também chamou a gerente Magda, de uma loja que ficava em frente ao box de camelô do meu sogro. Enquanto via todo aquele movimento, em que Sabrina reunia aquelas pessoas para ir ao cartório, fiquei sem entender o que acontecia, até que, em dado momento, me vi diante do juiz de paz, assinando os papéis e dizendo que SIM, aceitava me casar com Sabrina. E assim nos casamos, diante da Lei, no dia 7 de julho de 1998, eu com 23 anos e ela com recém-completados 18 e, ainda que não estivesse evidente, já carregando nossa amada Luana em seu ventre.

Então, 17 dias após o casamento civil, eu e Sabrina nos casamos também no religioso, com uma cerimônia realizada em uma igreja católica de Madureira, seguida de uma grande festa, com todos os nossos familiares e amigos. O que mais guardamos na lembrança daquele dia foi o quanto nos sentimos amados pelos que compareceram naquela ocasião tão especial.

Além de contarmos com o apoio da família de Sabrina, também tivemos o acolhimento e o carinho dos meus pais adotivos, que nos deram muitas orientações e também se uniram aos nossos padrinhos para nos ajudar a montar nossa casa. Ficamos muito comovidos com o carinho de todos, que cuidaram tão bem de nós nessa fase em que estávamos batalhando tanto pelo nosso futuro, nossa vida e nosso sonho a dois, que começava de fato ali.

O INÍCIO DESAFIADOR

Como relatei, quando eu e Sabrina decidimos nos casar, logo tratamos de conseguir uma renda extra para aumentar meu ganho. Com o trabalho na loja de aluguel de roupas eu ganhava 600 reais por mês – o que na época era equivalente a cerca de quatro salários-mínimos – mas nós precisávamos pagar um aluguel de 460 reais e mais 70 de condomínio... de modo que não sobrava muita coisa.

Como conseguia um extra vendendo os perfumes, ainda pude poupar mensalmente a quantia de 100 reais. Assim que nos casamos, consegui ser promovido a líder geral da marca de cosméticos que vendia, mas, com o tempo, a gravidez da Sabrina começou a deixá-la com muito sono. Então, eu vendia os perfumes e, quando os pedidos chegavam, Sabrina não conseguia fazer as entregas, porque acabava dormindo demais e perdia os horários.

Aquilo me deixou inicialmente um pouco chateado, mas reclamar da situação não adiantaria de nada. Então mudei a estratégia e comecei a fazer vendas aos finais de semana. Assim, organizava reuniões com pessoas interessadas em conhecer os produtos nos salões de festas dos condomínios ou na casa de amigos, com grupos de 20 a 30 pessoas, e já fazia as vendas no próprio local, sem precisar fazer entregas depois.

Dessa forma, consegui manter esse ganho extra por um tempo e seguir poupando, porque sempre cultivei meus sonhos. Para alguém que tinha um orçamento tão apertado, esses planos poderiam parecer maluquice. Mas nunca enxerguei dessa forma porém, sim, como objetivos possíveis de serem alcançados; bastava organização e muita persistência. Por isso, sempre falei para Sabrina:

— Temos que criar uma meta, porque assim vamos conseguir realizar o sonho da nossa casa própria.

— Você é doido, Marcelo? Como vamos conseguir fazer isso? – ela perguntava.

— Não sei ainda, mas a gente vai conseguir. Estou economizando 100 reais por mês. Um dia a gente consegue. – lhe respondia.

Apesar de o nosso orçamento ser bem restrito na época, tinha motivos de sobra para acreditar que conseguiríamos. Tanto eu quanto Sabrina nunca tivemos medo de trabalho. Sobretudo, havia planos divinos para nossas vidas que ainda eram desconhecidos.

Hoje, quando me perguntam como foi o início do nosso casamento, eu respondo: um casal apaixonado, com a breve chegada de uma filha linda, pouco dinheiro, mas também muita força de trabalho e, acima de tudo, bastante coragem.

Talvez se pergunte de onde veio tanta coragem? Da vontade de termos uma família, de estarmos juntos, ter nosso espaço. Como havia passado praticamente a vida inteira morando em casas de outras pessoas, o sonho de ter minha própria casa continuava forte em meu coração, como uma chama acesa e constantemente alimentada, iluminando nossas metas.

O SONHO A DOIS SE FORTALECE

Eu sempre tive o sonho de me casar e formar uma família e, ao conhecer Sabrina, não tive dúvidas... Ela era linda (e ainda é!). Mas tive, principalmente, a convicção de que era com ela que iria me casar, justamente porque percebi que ela era uma moça trabalhadora, dedicada e companheira, que, assim como eu, sonhava em ter uma família e seu próprio espaço.

— Agora sim, encontrei a mulher com quem posso sonhar de mãos dadas. – pensei.

E se antes eu já era um sonhador tão insistente, após encontrar Sabrina, que me deu as mãos para sonhar junto, isso se intensificou. Nada mais ia nos impedir de ter sonhos cada vez maiores e mais ousados. Juntos, descobrimos que quando o casal caminha na mesma visão, o sonho se fortalece, ganha tração e velocidade.

Sonhar a dois e olhando para o mesmo objetivo é como unir nossas forças e habilidades para chegarmos mais rápido e com mais qualidade aonde queremos.

Se tenho um sonho, sei que ele pode se fortalecer quando a Sabrina compra a ideia e parte comigo nessa jornada. Da mesma forma, se ela tem um sonho, ele pode ganhar força quando visto a camisa dessa ideia e a seguro pela mão, para caminharmos juntos em direção a ele.

Quando em um casamento cada um puxa para um lado, esse sonho corre o risco de ser engavetado, porque a corda se arrebenta, e o que devia ser incentivo, se transforma em empecilho.

*Sonhar sozinho pode ser bom,
mas sonhar a dois é fantástico.*

Vale lembrar que sonhos exigem muita ousadia para se realizar. Reconheço que o casamento nos fez ainda mais ousados do que já éramos antes. Várias vezes nos chamaram de malucos porque tomamos decisões que muitos teriam medo de tomar no nosso lugar.

Exemplo disso é que, alguns meses depois do casamento, meus sogros nos propuseram sociedade no negócio dos *videogames* que eles vendiam.

— Vamos ser sócios? A gente procura um espaço, vocês montam uma barraquinha e, como viajo para comprar as mercadorias para mim, compro também para vocês. Então vocês vendem e a gente divide o dinheiro. – ele disse.

— Gostei da ideia! Vamos fazer isso, sim. – respondi.

Quando recebi essa proposta, peguei a poupança que fiz e paguei a primeira compra de produtos para nossa loja. Conseguimos um espaço, levei uma televisão de 14 polegadas que tínhamos em casa, comprei um expositor de vidro de um rapaz lá em Madureira e comecei a expor fitas e CDs de *videogames* para vender na barraquinha.

Após alguns anos, nossa barraquinha de camelô, que era pequenina, cresceu e tomou grandes proporções. Mesmo que ainda trabalhasse de carteira assinada na loja, Sabrina cuidava do estabelecimento.

Nossa lojinha ficou bem-arrumada, consegui colocar até mesmo porta de aço. Ela tinha inscrição estadual, CNPJ e (quase) tudo era legalizado; afinal de contas, toda a situação do estabelecimento estava dentro da lei, mas alguns produtos ali vendidos não sabíamos a procedência. Por isso, o perigo de sermos pegos era constante. Mas fomos lidando com isso e, já no primeiro ano da lojinha, tivemos um bom resultado. Dividi os lucros com meu sogro e guardei minha parte, já que éramos sócios.

Com isso, consegui dar entrada no nosso primeiro apartamento.

Conseguimos sair do aluguel, porém a janela ficava bem de frente para o morro. Constantemente presenciávamos tiroteios, bandidos armados e tínhamos que nos deitar no chão, temendo que uma bala perdida fosse achada em nossos corpos.

"Vou me mudar daqui com minha família e vamos para um bairro melhor.", pensava diariamente.

No segundo ano, houve um problema familiar entre os pais da Sabrina e decidi comprar a parte deles na sociedade, dando nosso primeiro apartamento como forma de pagamento.

Então fui ao Valqueire[3] para ver um apartamento. Encontrei um imóvel que custava R$ 100 mil, mas só tinha R$ 30 mil para dar de sinal. O dono do apartamento era um português que parecia irredutível, sem querer aceitar minha oferta de entrada, mas eu insisti. Chamei o proprietário no canto e disse:

— Ô, portuga, vamos conversar aqui. Tenho R$ 30 mil na mão e posso te dar agora, é só você parcelar o resto que prometo que não vai se arrepender. – propus.

Depois de tanta insistência, ele aceitou minha proposta. Novamente, fomos taxados de malucos por muita gente. Mas não dávamos ouvidos a essas vozes, porque sabíamos que nossa vontade de trabalhar e fazer dar certo era suficiente para realizar nossos sonhos.

NASCE A PRIMEIRA: LU(ANA)

Quando afirmo que nosso início foi desafiador, não me refiro apenas ao trabalho e ao sustento, mas também à criação de nossas filhas. Luana, nossa filha mais velha, nasceu poucos meses depois que eu e Sabrina nos casamos e, mesmo sendo tão jovens, compreendíamos o tamanho da responsabilidade que é criar uma criança.

Luana nasceu em um mês de janeiro. Durante a gestação, Sabrina estava um tanto preocupada com o que poderia acontecer no caso de parto normal e, por isso, programamos uma cesariana. Assim, no dia 27 de janeiro de 1999, fomos ao hospital e vimos nascer nossa primeira Lu.

---

3 Vila Valqueire é um bairro de classe média a alta na Zona Oeste do Rio de Janeiro.

No dia seguinte, fomos para casa e, durante alguns dias, contamos com o apoio da minha sogra, mãe de Sabrina, que ajudou bastante, dando banho e trocando fraldas. Mas isso foi só até o coto do cordão umbilical da bebê cair. Quando o umbigo caiu, ela voltou para a casa e deixou que seguíssemos cuidando sozinhos da criança.

Eis que ficamos sós, pais de primeira viagem, cuidando da nossa pequena. Confesso que eu e Sabrina nos sentimos bastante desafiados, porque era preciso conciliar nosso trabalho com todo o cuidado que a bebê necessitava. Exemplo disso era o fato de que Luana não teve facilidade para pegar no peito e mamar. Mesmo quando pegava, não se alimentava bem porque a produção de leite da Sabrina – como tantas outras mães que também passam por isso – não a saciava completamente.

Buscamos uma solução para resolver o problema e descobri as fórmulas de soro de leite, criadas justamente para suprir essa necessidade de bebês e mães que têm dificuldade em amamentar. Compramos algumas latas de fórmula e, quando preparamos e demos pela primeira vez para a Luana, tomamos um susto! A bebê que antes não dormia por causa da falta de saciedade, passou a dormir a noite inteira.

— Sabrina, eu tô com medo. A Luana nem se mexe no berço. Será que ela ainda está viva? Será que não preparamos esse leite muito forte pra ela? – eu dizia durante a noite, enquanto Sabrina queria aproveitar sua primeira noite tranquila de sono, depois de dias sem conseguir dormir direito.

Após checar os sinais vitais da nossa bebê e confirmar que estava tudo bem, dormimos nossa primeira noite tranquila depois do nascimento da Luana. Infelizmente, isso não durou muito tempo. No dia seguinte, descobrimos que nossa filha estava com fortes cólicas e quem nos socorreu nessa saga das fórmulas e alívio das dores das cólicas foi minha irmã afetiva, que já era mãe e – apesar de ter montado seu próprio negócio de aluguel de vestidos de noiva – era formada em farmácia. Ela tinha conhecimento suficiente para explicar como devíamos proceder em casos como aquele.

Confesso que, levando tudo isso em consideração, a paternidade é mesmo difícil de explicar em sentimentos. Quando olhamos para aquele bebê tão frágil e tão pequeno, queremos que ele cresça logo, se torne mais independente, mas, também, à medida que o vemos crescendo, nos assustamos e desistimos dessa ideia de "crescer logo", porque o crescer envolve certas "dores".

Assim como aprender a andar envolve cair e levantar, aprender a pegar as coisas envolve também derrubá-las e quebrá-las, aprender a comer envolve se sujar e também não gostar de certos sabores, alguns apenas até se acostumar. Acompanhar um crescimento envolve muitas alegrias, mas também muitos sustos.

Com o passar do tempo, percebemos que, mesmo com a administração da fórmula, Luana voltou a ter certa dificuldade para dormir. Somente após alguns meses entendemos o que estava acontecendo. Como eu e Sabrina trabalhávamos muito, tínhamos de deixar Luana das 7h às 19h na creche e, quando chegávamos em casa, ela não queria saber de dormir, porque havíamos passado o dia longe e ela queria aproveitar nossa companhia.

Atualmente, quando converso com pais, compartilho essa experiência e falo sobre a importância de terem tempo de qualidade com seus filhos, porque isso faz toda a diferença, tanto para a criança quanto para os pais.

NASCE A SEGUNDA: LU(DMILA)

Quando a Luana nasceu, nós ainda morávamos em Turiaçu, pagando aluguel e trabalhando com muito esforço na lojinha de camelô. Então a vida era mais complicada, mais difícil. Praticamente tudo o que nossa primeira filha usou – desde berço e carrinho até roupinhas e brinquedos – nós recebemos como doações de amigos, familiares e conhecidos. Nunca tivemos vergonha nenhuma em contar isso e até hoje falamos sobre essa parte de nossa história com muita emoção porque, em cada doação, conseguimos ver o cuidado de Deus sobre nossas vidas e nosso lar.

Mas as bênçãos chegaram também em forma de muito trabalho e dos nossos ganhos resultantes disso. A cada dia que nos levantávamos cedo e nos esforçávamos naquela lojinha, tínhamos a certeza de que Ele (Deus) estava cuidando da nossa família.

Seis anos depois, nasceu nossa segunda filha, a Ludmila, no dia 18 de abril de 2005. O contexto já era bem diferente da época do nascimento de Luana. Não éramos mais tão inexperientes com a criação de filhos e, nessa época, estávamos em melhores condições financeiras. Não morávamos mais em Turiaçu, mas, sim, em um apartamento próximo à Barra da Tijuca. Não pagávamos mais aluguel, o imóvel era nosso. E também não estávamos mais com uma lojinha de camelô, mas, sim, uma verdadeira loja de *videogames*.

Sempre fui muito focado nos negócios, porque foi deles que tirei o sustento da minha família. Por isso, como no dia do nascimento da Ludmila também seria inaugurada uma megaloja do grupo onde eu trabalhava no Norte Shopping, passei o dia anterior todo arrumando o estabelecimento. No dia seguinte, saí de casa às 5h, participei da inauguração da loja às 10h, deixei os donos cuidando de tudo e corri para buscar a Sabrina e levá-la à maternidade. Esperei a Ludmila nascer, fiquei um pouquinho com ela e logo voltei ao *shopping* para trabalhar. Depois, à noite, voltei para o hospital, peguei Luana e voltamos todos para casa. Foi muito corrido.

Devido às melhores condições em que estávamos, Sabrina pôde escolher os móveis para o quarto, as roupinhas e também os brinquedos para a bebê. Como costumamos brincar, Ludmila nasceu "rica". Porém o grande desafio de conciliar trabalho com a paternidade/maternidade continuava.

Sabrina conseguiu passar o primeiro mês de vida da Ludmila em casa, se dedicando aos cuidados iniciais com a bebê, mas logo precisou voltar a trabalhar e nós contratamos uma babá para cuidar dela. Quando Ludmila estava com três meses de nascida, nós já estávamos de volta ao ritmo normal na loja, porque simplesmente não podíamos parar de trabalhar.

Buscamos manter sempre em equilíbrio o trabalho e tempo de qualidade em família. Nossa rotina não permitia que passássemos muitas horas juntos, mas o pouco tempo que tínhamos era visto por nós como um momento valioso, que merecia toda a nossa atenção.

FÁBRICA DE SONHOS:

É bem verdade que, ao longo de nossa história, tivemos a oportunidade de inspirar pessoas à nossa volta, mas também gostaria de lembrar daqueles que nos inspiraram a ser pessoas melhores, inclusive em nossa formação familiar.

Quando falo dessa valorização do tempo de qualidade em família, me lembro bastante dos meus pais adotivos colocando isso em prática no círculo familiar deles, no qual fui muito bem acolhido.

Eles sempre deixaram claro que esses momentos não dependiam de dinheiro – se tínhamos muito ou pouco – mas, sim, do desejo de estar juntos, e do crescimento que isso nos trazia como pessoa, do cuidado mútuo que esses momentos representavam para nós.

Quando formei minha família com Sabrina, comentei bastante com ela que queria colocar em prática toda essa relação que aprendi com minha família adotiva e, hoje, quando olho para meu lar, não me restam dúvidas de que a semente, que um dia eles lançaram no meu coração, germinou e segue dando belos frutos.

REALIZAÇÕES NÃO SÃO INSTANTÂNEAS

Quando falo sobre o benefício de sonhar a dois, com mais tração e agilidade, não falo em realizações instantâneas, porém mais fortalecidas e prazerosas. Vejo muita gente querendo tudo "para ontem". Tem um sonho, sonhou hoje e quer acordar amanhã com tudo aquilo já concretizado. E não é assim que as coisas acontecem...

Sonhos exigem semeadura, preparação da terra, a semente lançada, uma boa rega, luz do sol e, acima de tudo, paciência para esperar o tempo certo da colheita.

Vejo nos adolescentes com quem converso que ainda precisam compreender muito sobre a realização de sonhos, porque isso envolve um processo. O meu, por exemplo, demorou um bom tempo para acontecer. Meu processo não foi do dia para a noite. Recentemente, eu e Sabrina celebramos 24 anos de casados e, dentro de todo esse tempo, passamos por muitas dificuldades juntos, mas nunca passamos fome, nem nada do tipo, porque nunca nos faltou força e fé para trabalhar.

Então todo processo requer um tempo para você alcançar e, atualmente, todo mundo quer a coisa muito rápida. Quer começar hoje e amanhã já ter resultados extraordinários, tudo instantaneamente.

O fato de ter alguém como referência, e a nos inspirar, requer que saibamos todo o processo pelo qual essa pessoa precisou passar, todas as dificuldades e desafios que encontrou em sua travessia, pois um sonho não é feito só de chegadas instantâneas.

Mas, vamos lá, ao ponto de vista e opinião daquela que tanto sonhou junto a mim e acreditou nos meus sonhos. Com a palavra... Sabrina!

SONHO A DOIS

Se tem uma palavra que define minha trajetória com Marcelo e a nossa insistência em continuar sonhando, essa palavra é "fé". É bem verdade que, no início de nosso casamento, a visão que tínhamos sobre espiritualidade e o nosso relacionamento com Deus ainda não era muito claro. Mas creio que, desde o momento em que decidimos nos unir como casal, tínhamos muita fé em nossos corações.

Penso dessa forma porque, por mais que ainda não tivéssemos total noção do que Deus havia preparado para nossas vidas, podíamos sentir que nosso esforço, nosso trabalho e nossa dedicação não seriam em vão.

Além disso, o que mais me anima quando olho para nossa história é que encontramos a alegria não somente nas conquistas a longo prazo, mas também nas rotinas e coisas do dia a dia, como ver nossas filhas crescendo, ter as contas pagas em dia, a compra do nosso primeiro apartamento e até mesmo a superação de cada uma das dificuldades que surgiram.

Sim! Eu e Marcelo passamos por muitas dificuldades, mas enfrentamos todas elas juntos e, apesar de tudo, jamais pensei em deixá-lo ou associei os tempos difíceis a ele. Fiz questão de acreditar que estaria ainda mais forte para vencê-las ao lado dele. Afinal de contas, tanto eu como ele, se soltássemos as mãos um do outro, para onde iríamos? Não havia mais para onde voltar, não havia mais chance de olhar para trás, só para a frente! Ou dava certo ou dava certo, não existia uma terceira opção.

Por isso, simplesmente nos dedicamos a trabalhar incansavelmente, todos os dias, e as coisas foram correndo com naturalidade. Nunca tivemos o sonho de ser famosos, ricos ou nada disso, só queríamos ser felizes. E sabíamos que isso não dependia de muito, mas, sim, do pouco a cada dia. Nossa meta era sempre ter a comida no mês, nome limpo na praça, ter tudo organizado, ser honesto com as pessoas e estar sempre juntando nosso dinheiro para o futuro, porque precisávamos ter segurança e estar prevenidos.

Quando o Marcelo falou que ia comprar aquele apartamento no Valqueire, por exemplo, e que o valor seria X, com uma prestação de Y por mês, nos sentamos à mesa e fizemos os cálculos:

— Quantos CDs teremos que vender por mês para pagar esse apartamento?

Era assim que traçávamos nossas metas. Todo mês tínhamos a honra de pagar as prestações do nosso imóvel e celebrávamos aquilo como uma verdadeira vitória.

Sonhar a dois não é tão difícil quando dividimos o trabalho e as conquistas por dois.

Sabrina Rodrigues

5

VIVER DE SONHOS É POSSÍVEL

O valor dos inícios humildes e a
multiplicação do começo perseverante

> "Não há segredo para o sucesso. Há trabalho, dedicação e obsessão em ser alguém na vida. É seguir seus sonhos."
>
> **CRISTIANO RONALDO**
> (Jogador de futebol português)

5

Quando eu e Sabrina nos casamos, passei a compartilhar com ela uma vontade que crescia cada vez mais forte no meu coração: abrir uma loja de aluguel de roupas. Mesmo sendo supervisor de quatro unidades, esse sonho crescia a cada dia. Porém, apesar desse sonho guardado, também temia o que ele poderia causar no seio da família que me criou. Como ela lidaria com a notícia de que seu filho do coração se tornaria um concorrente? Confesso que, durante anos, o dito sonho e meus temores estiveram em conflito dentro de mim.

— Eu gostaria muito, mas não posso fazer isso com a família que me criou, me deu um bom emprego e me ajudou a crescer dentro da empresa dela. Isso seria ingratidão da minha parte. – pensava.

Apesar de ter compartilhado sobre meu sonho com Sabrina, o mantive engavetado por um tempo e continuei trabalhando.

Sempre comentávamos que já havíamos poupado dinheiro suficiente para abrir uma loja e, apesar de nunca ter ido ao centro de Bangu, tinha no meu coração a vontade de abrir uma loja nessa região. Então, certo dia, tomei a decisão e disse à Sabrina:

— Vou pegar o dinheiro que guardamos durante todo esse tempo e abrir uma loja em Bangu.

Quando estava prestes a sair em busca de um ponto para nossa nova loja, aconteceu algo inesperado.

Um dia, como era hábito, Sabrina passou no *shopping*, no comecinho da tarde, para que fôssemos juntos para casa.

Enquanto ela ia com uma prima e nossa filha Luana em um dos carros que tínhamos, eu ia dirigindo a Fiorino da loja e escutando o jogo do Flamengo pelo rádio.

Quando estávamos perto de casa, passei por dois rapazes em uma moto na esquina, mas não desconfiei de quem poderiam ser. Entrei na garagem antes da Sabrina e fiquei escutando o jogo. Como percebi que ela demorava a entrar, voltei para ver o que estava acontecendo. A essa altura, era tarde demais e aqueles homens da moto já estavam com as armas apontadas para elas, anunciando o assalto. Foi tudo muito rápido. Quando cheguei, vi Sabrina e a prima dela do lado de fora do carro, enquanto um deles assumia o volante e o outro seguia na moto.

Além da preocupação com o que eles poderiam ter feito a elas, fiquei desesperado por não ter visto Sabrina tirar nossa filha do carro. Então, simplesmente, dei ré na Fiorino e saí rapidamente em perseguição aos bandidos. Mas acabei os perdendo de vista e tentei pedir ajuda a um policial que estava parado ali perto em sua viatura.

— Por favor, me ajuda. Acabaram de roubar meu carro e minha filha deve estar dentro. – disse, desesperado.

— Desculpe, senhor. Não posso fazer nada. – respondeu o policial, sem esboçar nenhuma preocupação com minha denúncia.

Depois de muito procurar pelos bandidos, acabei voltando para casa e descobri que, na verdade, minha filha havia sido tirada do carro e, tanto ela como Sabrina e a prima estavam bem, nenhuma delas foi agredida fisicamente por aqueles homens.

No final, todo aquele susto foi determinante para nos convencer de que seria melhor nos mudarmos dali para outra região, talvez para um condomínio, com mais segurança. Apesar de termos feito a compra do apartamento há pouco tempo e a localização ser muito boa, aquele episódio nos deixou bastante abalados.

— Não vamos mais morar aqui. Vamos para outro lugar, melhor. – comentei com Sabrina, que concordou com a decisão.

Então acabei vendendo o apartamento que tínhamos acabado de quitar. O dinheiro que recebi da venda, somei à quantia que guardava para a abertura da loja e comprei um apartamento na Barra da Tijuca. Antes de sofrer o assalto, relutei em comprar um imóvel naquele condomínio, porque a despesa era muito alta. Mas, devido à segurança reforçada, entendi que, naquele momento, seria o melhor para toda a família.

Mais uma vez, adiamos o sonho da abertura da loja, mas não nos arrependemos, porque fizemos isso por considerar o cuidado com a família em primeiro lugar. Olhando hoje para esse momento da nossa história, percebo que tudo foi guiado pelos propósitos de Deus. Se tivesse aberto a loja naquele momento, certamente teria desperdiçado todo o dinheiro que economizei, porque ainda não tinha conhecimento suficiente para comandar minha própria loja de aluguel de roupas sozinho. Eu sabia fazer bem a parte de vendas, mas não sabia administrar bem as questões financeiras. Acredito que Deus me livrou de uma grande frustração naquela época. Ele queria que continuasse a me capacitar onde estava, para que na hora certa conseguisse abrir minha loja.

O que muitas vezes pode parecer um "não"
de Deus é apenas um "Espere, estou preparando você".
Cabe a nós desenvolver intimidade com Ele
para interpretar bem o que é dito.

AS DEZ CHAVES: UMA PALAVRA PROFÉTICA

Se, por um lado, sentia que estava engavetando meu sonho ao adiar a abertura da minha própria loja de aluguel de roupas; por outro lado, me sentia levemente aliviado por não me tornar concorrente direto da empresa da família que me acolheu com tanto amor e carinho.

Mas a verdade é que, apesar de tentarmos com muita dedicação fazer nossos próprios negócios darem certo, nenhum deles alcançava uma boa solidez, exatamente porque eu não conseguia me dedicar por inteiro. Durante esse tempo, tentamos manter a lojinha de *videogames*, um parquinho, uma loja de bolsas, depois de bijuterias. Mas nenhuma delas se estabelecia por muito tempo, porque eu não conseguia estar integralmente em nenhuma delas, devido ao meu trabalho na loja de aluguel de roupas. Para tentar acertar, tentava em diversas áreas, mas não conseguia ficar à frente de nenhuma. E Sabrina tinha de se dividir entre o trabalho nessas lojas e os cuidados com a casa e nossas filhas.

Se havia uma loja que estava se mantendo bem, era a de camelô, mas nós não queríamos mais continuar naquele ramo, porque mesmo que o ponto fosse legalizado, os produtos que vendíamos eram, por vezes, pirateados e corríamos sempre o risco de ser autuados por isso. Além disso, o fato de termos nos firmado na igreja que escolhemos estar me fazia olhar para a loja de camelô com um incômodo ainda maior.

— Como posso continuar a dar um dízimo que vem da pirataria? Não dá mais para continuar assim.

Até que, no ano de 2008, já havia terminado meu expediente de supervisor nas lojas e, ao sair de lá, por volta das 19h, passou um pastor procurando por mim.

— Boa noite. Vim falar com o rapaz do carro prata. – disse o homem, se referindo a mim e associando ao veículo que eu dirigia para ir e voltar do trabalho na loja de aluguel de roupas.

— Desculpe, mas se o senhor está falando do nosso supervisor, o seu Marcelo, ele já saiu. – respondeu o funcionário.

— Eu sei que ele já foi embora, mas quero falar com ele. – insistiu o pastor.

O funcionário então me ligou, explicando que havia um homem na loja precisando falar comigo de qualquer maneira. Como bom carioca que sou, e por isso desconfiado, fiquei um tanto apreensivo, porque toda aquela história parecia muito estranha. Então, com muito custo, consegui pegar o telefone daquele homem e seu nome, para saber do que se tratava.

Seu nome era Paulo e, quando consegui falar com ele por telefone, descobri que era um pastor que saiu de Itaperuna, a 300 quilômetros da capital, e foi até a loja somente para falar comigo.

— Alô, pastor Paulo, tudo bem? Meu nome é Marcelo! O senhor queria falar comigo? – perguntei no telefonema.

— O pastor Paulo não está aqui não, porque ele viajou ao Rio, para entregar uma profecia, uma revelação. Acho que é para você mesmo. Ele falou no seu nome, Marcelo. – respondeu uma mulher ao telefone.

Como na época estava me firmando na igreja, estudando a Bíblia e aberto ao agir sobrenatural de Deus, acreditei que aquele homem realmente tinha algo forte a me revelar e passei o número para que entrasse em contato comigo.

— Pede para ele me ligar, então. – disse à mulher, antes de me despedir e desligar.

Horas depois, quando estava em casa, o telefone tocou. Era o pastor Paulo.

— Alô, Marcelo? Aqui é o pastor Paulo. Estou tentando falar com você.

— Oi, pastor. Espera aí só um pouquinho que já ligo de volta pro senhor. – respondi, ainda um pouco desconfiado.

Retornei a ligação para o número que apareceu no identificador de chamadas. Quando alguém atendeu ao telefone, ouvi:

— Rodoviária Novo Rio, boa noite.

Então desliguei e, cinco minutos depois, o pastor me ligou novamente.

— Oi, Marcelo. Sou eu, pastor Paulo. Estou aqui na rodoviária Novo Rio. Vim lá de Itaperuna. De noite, tenho sonhado muito com você e Deus mandou trazer uma revelação para você aqui. Ele me deu seu nome, o endereço, o nome da loja onde você trabalha, a placa do seu carro e me mandou te entregar dez chaves, de dez lojas, na sua mão. Também mandou avisar que todo trabalho que estão fazendo contra vocês em um cemitério aqui no Rio de Janeiro está sendo quebrado.

Quando o pastor falou aquilo, gelei e confesso que, apesar de ser um homem de muita fé, no primeiro momento, custei a acreditar que aquela situação tivesse qualquer relação com o sonho de abrir nossa própria loja de aluguel de roupas. É bem verdade que, mesmo engavetado, ele continuava crescendo, mas eu e Sabrina sabíamos bem que não tínhamos condições nem de abrir nossa primeira loja, que dirá dez.

*Quando um sonho é bem alimentado,
não há engavetamento que o possa matar.*

Enquanto ouvíamos pelo viva-voz do telefone, ele continuou falando várias coisas que só eu, Sabrina e Deus sabíamos. Isso me fez acreditar que, no discurso daquele homem, não havia qualquer sinal de charlatanismo. Era realmente uma palavra profética, uma palavra que prevê o futuro.

— Pastor, me espera aí na rodoviária que estou indo aí para te buscar e a gente conversa melhor! – disse ao telefone.

— Não precisa vir, não. Estou pegando o ônibus da meia-noite para Itaperuna, porque tenho compromisso lá de manhã.

Eu e Sabrina nos entreolhamos espantados pelo fato de que ele havia viajado da cidade dele para a capital somente para nos entregar aquela revelação.

A 1ª CHAVE: NASCE A LU RODRIGUES

Depois daquele telefonema, não tive mais contato com o pastor e até hoje não sei bem onde ele se encontra, mas aquela revelação ficou guardada no meu coração: dez chaves, de dez lojas. Enquanto aquela revelação permanecia comigo, me aprofundava no relacionamento com Deus, orando e lendo a Bíblia para que Ele confirmasse que aquela palavra profética vinha realmente d'Ele. E quanto mais eu orava e estudava, mais aquela revelação se fortalecia no meu coração.

As palavras daquele mensageiro, o pastor, me falavam sobre coisas que iam muito além de uma possível abertura da minha própria loja de aluguel de roupas, falava sobre a urgência de tomar uma decisão. Eu sabia que vender produtos pirateados não era correto. Se, em algum momento, a polícia chegasse à minha lojinha para fiscalizar os produtos, como nunca fui de usar estratégias como o suborno, certamente iria me complicar. E não tinha nem mesmo o direito de me sentir injustiçado, porque sabia que estava vendendo mercadoria ilegal.

— Se é para andar no caminho da luz, Deus vai me honrar e cuidar da minha família. Só vou vender produtos originais. – decidi e disse para mim mesmo.

Assumir essa decisão realmente foi um desafio para nós, porque com a proposta de só ter produtos originais na loja, as vendas caíram bastante. O público que passava por lá não estava em busca de garantia e qualidade, mas, sim, de preço baixo. Além disso, precisei deixar claro aos meus clientes que não vendia mais nenhuma mercadoria pirateada.

Enquanto me preocupava com a queda nas vendas da minha lojinha de *videogame*, recebi também uma proposta da minha irmã afetiva para abrir uma nova loja em Caxias. A ideia era que essa nova loja vendesse, a um baixo custo, as roupas usadas da loja matriz que não seriam mais alugadas, mas que ainda estavam em boas condições de uso.

A ideia dela estava muito de acordo com um desejo que alimentava há algum tempo – e também seria um alívio para nossa preocupação de continuar com a lojinha de camelô vendendo pouco.

Então aceitamos a proposta da minha irmã adotiva. Em 2010, fechamos a lojinha de camelô dos *videogames*, pagamos a "luva" – taxa cobrada pelo ponto – e tudo o que devíamos pelo *stand*. Parcelamos o pagamento dessas dívidas e partimos para a montagem da nova loja em Caxias, que funcionaria em sociedade, já que as roupas vendidas ali seriam fornecidas por eles. Sendo assim, decidimos que eu entraria com 33% da nova loja e eles com 67%.

— Como vai se chamar a loja de Caxias? Terá o mesmo nome da sua? – perguntei a minha irmã adotiva.

— Acho melhor não. Vamos fazer como se fosse uma segunda linha, um braço da nossa marca. Aí vocês podem colocar outro nome. O que acham de Lu Rodrigues? Assim, homenageia suas filhas. – ela propôs.

Gostamos da ideia e registramos esse como sendo o nome da nova loja.

Comecei a sair em busca de um ponto para nossa loja e, depois de procurar bastante, firmei o aluguel com o proprietário de um local de 75 m². E Deus é tão bom que, enquanto imaginávamos que a loja seria inaugurada com uma estrutura e roupas usadas, Ele nos surpreendeu, colocando tudo novo dentro da loja.

A DECISÃO

A abertura da Lu Rodrigues ainda não significava que iria me dedicar inteiramente ao novo negócio com a Sabrina. De fato, essa nova loja seria um grande alívio para nós, porque teríamos o apoio deles como sócios, e também por deixar de vender pirataria. Mas… eu ainda tinha de manter meu emprego, pois supervisionava quatro lojas, com cerca de 130 funcionários. E, enquanto eu exercia minha função na loja maior, Sabrina cuidava da loja de Duque de Caxias.

Meses depois, em janeiro do ano seguinte, a Lu Rodrigues já estava dando bons resultados e, como o negócio crescia, entendi que seria bom abrir uma nova unidade da marca. Fui ao bairro de São João, próximo a Caxias, em busca do ponto para a nova filial. Lá, encontrei um local de 360 m², firmei contrato de aluguel e, com o lucro da primeira loja, já consegui fazer a reforma para abrir a segunda, em São João.

Nosso crescimento era notável, mas a sobrecarga de trabalho também se fazia evidente. Eu pensava: "Antes, minha esposa ficava só na lojinha de *videogames* e cuidava das crianças. Hoje, está em duas lojas da Lu Rodrigues, das 7h às 20h. Enquanto eu fico nas outras quatro lojas, das quais sou supervisor, das 7h às 22h. Tem alguma coisa errada aí. Está tudo indo bem nos negócios, mas nossas filhas continuam sozinhas, sem ter a atenção dos pais. Nunca estou em casa, porque trabalho de domingo a domingo, sem direito a folga ou feriado, e isso não é bom para nossa família".

Durante todo o primeiro semestre, me dediquei muito a esse aprendizado do empresariado, e também à oração e à leitura da Bíblia. Eu tinha certeza de que o preparo do qual precisava não era apenas técnico, mas também espiritual. Até que, no mês de agosto, decidi abrir o jogo com minha irmã e meus pais adotivos.

— Olha só, vou começar a preparar vocês para outra pessoa assumir a supervisão das lojas, porque até dezembro deste ano eu vou deixar o trabalho aqui e ficar somente com a Sabrina no comando da Lu Rodrigues. – disse a eles.

Em momento algum falei em desfazer a sociedade ou comprar a parte deles na Lu Rodrigues, porque mesmo que a marca não fosse toda minha, estava satisfeito em fazer parte de um negócio que eu sonhei por tantos anos. Além disso, muito mais do que ganhar muito dinheiro, eu e Sabrina estávamos preocupados em ter qualidade de vida, ter tempo para estar em família, com nossas filhas.

A questão é que, diante da minha proposta de saída, eles não viram outra opção a não ser desfazer a sociedade. Então propus a eles que, além de sair, compraria a parte deles na Lu Rodrigues. Confesso que essa negociação foi bastante delicada, pois acredito que eles não esperavam que eu algum dia saísse do negócio deles para montar minha própria empresa. Porém fiz todo o possível para que a minha atitude não soasse como ingratidão a tudo que fizeram por mim.

— Sou muito grato a Deus por todo esse tempo em que trabalhei com vocês e por tudo o que fizeram por mim. Nunca vou me esquecer de vocês. Mas preciso tomar uma decisão. Todos os irmãos tiveram liberdade para tomar suas decisões na vida e quero ter a chance de fazer isso também. – argumentei.

— Está bem. Vamos pensar na proposta e informar um valor para você. – eles responderam.

No dia 10 de dezembro, me informaram o valor que queriam pela parte deles na Lu Rodrigues. Era um valor bem alto para nós, mas foi o que pediram e não questionei.

— Está certo. Vou pagar esse valor em 20 vezes. Negócio fechado? – propus.

Sabendo que, naquele momento, não teria mais meu salário fixo e que teríamos uma dívida para honrar, resolveram aceitar minhas condições.

— Negócio fechado. – responderam.

Assim que eu e Sabrina saímos daquela sala de reuniões, me bateu uma sensação de insegurança. O que estava fazendo? Deixando um emprego que me pagava um bom salário, e ainda contraindo uma dívida imensa por vários meses. Eu só podia estar maluco!

Depois de uns 20 dias, falei com Sabrina:

— Fizemos a pior besteira das nossas vidas! Eu tinha salário e um pagamento fixo mensal. E agora? Como vamos garantir o sustento da nossa família? Eu vou voltar lá, pedir desculpas e desfazer tudo, pedir para me aceitarem de volta. – disse, desesperado.

— Não faça isso, Marcelo. Por favor! Nós vamos conseguir, porque nunca tivemos medo de trabalho e Deus é fiel. Ele não vai nos deixar na mão. – respondeu Sabrina, segurando minha mão.

Sempre que me lembro dessa história, agradeço muito a Deus pela minha esposa. Naquele momento, ela foi estrategicamente usada por Ele em minha vida porque, provavelmente, se tivesse voltado atrás nesse dia, hoje não estaria onde estou em minha carreira como empreendedor.

De fato, dali em diante vivemos momentos bem desafiadores com relação aos negócios, mas não tenho dúvidas de que tudo estava nos planos de Deus, porque foram esses desafios que nos fortaleceram para crescer nos primeiros anos da Lu Rodrigues, já independente.

Preciso reconhecer que, inicialmente, nosso ganho financeiro baixou significativamente, mas isso não me preocupava, porque o propósito da minha saída de lá, que era ter mais tempo com minha esposa e minhas filhas em casa, estava se cumprindo.

No dia 27 de janeiro de 2014, Luana teria seu aniversário de 15 anos, mas ainda não tínhamos terminado de pagar a festa. Precisamos vender um dos nossos carros para pagar tudo o que faltava. Mas assim foi feito e festejamos os 15 anos da Luana, felizes, sem nem um centavo no bolso.

"EU NÃO VOU QUEBRAR"

Quando relato que estávamos sem um centavo no bolso, não me refiro ao faturamento da loja, mas, sim, ao "salário" que tirávamos dela. Além da dívida imensa que precisava quitar todo mês, as próprias lojas precisavam manter dinheiro em caixa, capital de giro, reserva para se sustentar, etc., já que a marca Lu Rodrigues passou a ser independente.

Então precisei aumentar o faturamento das lojas para, além de garantir o pagamento da dívida e gerar caixa e reservas para empresa, formar o meu "salário". Foi quando falei para Sabrina:

— Vou ficar focado na loja, porque só sei fazer isso, e quebrar esse negócio não está nos nossos planos. Eu não vou quebrar, porque sei comandar uma empresa desse ramo. Então você fica na outra loja de São João, que é maior, mas tem um movimento menor, enquanto fico na de Caxias, que é menor, mas tem um movimento maior.

Assim que assumi a loja de Caxias, percebi a diferença que faz quando o empreendedor tem tempo para se dedicar por inteiro a seu próprio negócio. No primeiro mês em que estive no comando integralmente, as duas lojas, que tinham juntas uma média X de faturamento por mês, faturaram, cada uma, cerca de cinco vezes mais. O movimento foi tão forte nas duas unidades que os clientes formavam fila do lado de fora para entrar. Foi algo fora do comum, sobrenatural.

Apesar do ótimo resultado que as lojas apresentaram nos primeiros meses dessa nova fase, eu e Sabrina não perdemos o foco e cuidamos logo de estabelecer as prioridades do mês: pagar a parcela da dívida, o aluguel do ponto, o salário dos funcionários, o caixa da própria loja, o capital de giro e, se sobrasse algum valor, aí é que tirávamos para nós. Nunca mexemos no dinheiro da empresa, porque aprendemos que não podíamos descapitalizar o negócio.

Pagar nossa dívida era uma questão de honra e sabíamos que, para conseguir isso, tínhamos que manter o negócio funcionando bem. Com muita fé e trabalho duro, os três primeiros meses foram de ótimos resultados, mas eu sabia que teria de crescer ainda mais para conseguir quitar o que devia, manter as lojas e retirar uma renda boa para a minha família. Então comecei a orar todos os dias:

— Senhor, preciso de uma loja maior em Caxias, porque a que tenho não está dando conta dos clientes que o Senhor está enviando.

Deus é mesmo tão tremendo que, em um domingo de manhã, estava sentado em casa na beira da piscina com a Sabrina quando abri o jornal e vi o anúncio de uma loja em Caxias, com mais de 360 m², perto da nossa primeira loja, passando o ponto. Eu logo pensei: "Oh, glória! Vou lá ver essa loja!".

Liguei para o proprietário no mesmo dia e combinei com ele de visitar o local na segunda pela manhã, às 9h. Quando cheguei lá, descobri que era um ponto que funcionava antes como loja de informática, mas havia quebrado. Conversei com o proprietário e a esposa. Ele deixou bem claro o que queria, reforçando o pedido do anúncio.

— Quero X nessa loja. – disse, informando o valor.

— Cara, eu não tenho essa quantia à vista, mas olha só, sou um homem de muita fé em Deus. Abri o jornal e vi seu anúncio. Sinto que é Ele quem está nesse negócio. Então voltarei para minha loja para orar, enquanto vocês conversam aí e, quando tiverem uma decisão, me liguem. Se não for da vontade de Deus, pode ficar tranquilo que Ele vai abrir uma outra porta para mim. – disse ao casal.

Da loja dele para a minha, era uma distância de apenas cinco minutos de caminhada. Mas enquanto ainda estava no caminho de volta, o proprietário me ligou, chamando para tomar um café. Eu voltei e fomos tomar café em um barzinho na frente de sua loja.

— Você fala tanto de Deus que percebi que tem muita fé. Isso me chamou atenção. Minha esposa é espírita. – ele comentou.

— E eu sou crente. – respondi, não na intenção de promover um embate entre crenças, mas, sim, para mostrar que nossas diferenças de fé não seriam barreiras para uma boa conversa.

— Mas então, como você pode me pagar? – Ele me perguntou.

— Vou ser bem sincero, esse valor que você está pedindo, só posso te pagar parcelado. – disse.

— Mas tenho uns computadores e aparelhos de ar-condicionado na loja. – ele argumentou.

— Eu entendo, meu irmão. Mas não consigo te pagar mais que isso por mês. – reforcei, sabendo que, se pagasse acima desse valor, iria descapitalizar e prejudicar minha loja.

Seguimos negociando e, ao final da conversa, ele aceitou me vender toda a estrutura instalada na loja por mais uma quantia parcelada. Essa negociação me ajudou bastante, porque precisei investir bem menos na reforma, já que ele havia deixado várias instalações e apenas desmontei algumas divisórias e montei minha identidade visual no local.

Em março, peguei as chaves da loja, fiz os ajustes que precisavam ser feitos e fiz a inauguração, no dia 16 de junho de 2014, aniversário da Sabrina.

Vale lembrar que a abertura dessa nova loja não significava apenas uma mudança para um local maior, mas, sim, uma expansão da marca Lu Rodrigues, mesmo ainda tão jovem. Estaríamos agora com duas unidades, uma em Duque de Caxias e outra em São João de Meriti.

Há quem diga que tudo estava "premeditado", com a estratégia de abrir uma loja em sociedade com uma marca já consolidada e depois desfazer a sociedade para crescer sozinho. Mas nada foi planejado dessa forma. Sempre foi Deus que abriu as portas e permitiu que tudo acontecesse de maneira tão incrível.

Às vezes, um sonho é tão grande para nós, que não ousamos premeditar, apenas sonhamos e desejamos. Quando pensamos que o sonho é muito maior que nossas capacidades, é preciso que algo maior que o sonho aconteça para nos fazer acreditar. Por isso, premeditar não cabia nessa situação, porque, embora fosse otimista e ousado, não conseguiria naquela época nem imaginar coisa tão grande para mim.

Não pensava que seria um empresário que alcançaria tal crescimento, ainda mais tão rapidamente. Apenas queria ter mais tempo para estar com minha família e não mais viver exclusivamente para o trabalho. A abertura do meu novo negócio foi mais do que a simples realização do sonho de empreender, foi alcançar o sonho de ter mais qualidade de vida com minha esposa e filhas. A única coisa que premeditei – decidi depois de muito pensar e sonhar – foi a educação das minhas filhas e o bem-estar da minha família.

RENUNCIAR PARA REALIZAR

Ver nossa empresa crescendo, possibilitando o pagamento das nossas dívidas e o sustento da nossa família, foi algo que nos encheu o coração de alegria. Porém não tinha como olhar para tudo aquilo e não me lembrar do quanto renunciamos para chegar até ali.

As renúncias que fizemos ocorreram em vários níveis e campos da vida, mas também compreendemos que foram como podas feitas em uma árvore para que desse cada vez mais frutos e crescesse cada vez mais forte. Sempre que sentíamos a dor dessas renúncias, eu e Sabrina nos olhávamos, certos de que estávamos sendo mais uma vez podados e preparados para algo maior e melhor para nós.

De fato, foi bastante exaustivo lidar com as consequências de cada coisa que abdicamos, situações que tivemos de enfrentar para seguir sozinhos com a Lu Rodrigues. Eu ganhava um bom salário, morava em um bom apartamento, bem localizado, com carro importado na garagem, mas nada daquilo valia o preço da paz em família.

Ia para a igreja, ouvia a palavra do pastor e aquela mensagem sempre me confrontava, porque eu simplesmente sentia que não vivia de acordo com o que eu aprendia na minha caminhada com Deus. Como pai, precisava dar mais atenção às minhas filhas; e como marido, precisava alimentar mais o relacionamento com minha esposa. Naquele momento, nem eu nem ela, tínhamos tempo para isso, porque apenas vivíamos para o trabalho.

Então todo esse incômodo me levou a entender que era preciso tomar essas decisões difíceis e renunciar ao conforto financeiro daquele momento para investir na minha própria família e no nosso futuro.

Quando alguém chega ao ponto em que precisa tomar uma decisão nesse tipo de cenário, o último fator com o qual está preocupado costuma ser o salário. Eu mesmo estava muito mais preocupado com minha família. Por isso, digo que não tomei simplesmente a decisão de renunciar a muito do que tinha para seguir um sonho, mas também que confiei em Deus para seguir esse caminho, com fé de que Ele é meu provedor, porque não estava deixando o emprego de salário fixo apenas para ficar em casa, sem trabalhar, mas, sim, para me dedicar bastante ao meu novo negócio, que para mim, sem dúvidas, era Ele quem abria as portas. O que Deus fez em nossas vidas foi um milagre, e milagre não se explica! Por isso, somente reconheço a mão poderosa d'Ele em tudo o que foi realizado.

Até hoje, eu e Sabrina não somos pessoas presas ao dinheiro, justamente porque entendemos que não conquistamos nada disso unicamente por meio do trabalho, mas também pela provisão divina. Quando Deus dá a alguém, Ele o faz com o propósito de que essa bênção seja redistribuída.

Sempre que sou abençoado, busco abençoar outras pessoas e, nessa matemática divina, que é inexplicável ao entendimento humano, quanto mais abençoo, mais sou abençoado.

Depois de tantas provas de que nenhuma das minhas conquistas vieram exclusivamente pelas nossas mãos e pelo nosso trabalho, o que eu entendo que fica como grande lição para mim é: depender de Deus é essencial. Digo isso porque nossas vidas estão nas mãos d'Ele, não importa se reconhecemos isso ou não. Quando entendemos essa verdade e decidimos caminhar debaixo das mãos d'Ele, deixamos de lutar contra a vontade daquele que nos criou e nos prontificamos a desfrutar de tudo o que Ele tem de melhor para nossa vida. – por mais que seja inicialmente difícil de enxergar isso.

Apesar de ter contado o quanto Deus foi o provedor dos meus negócios e da minha vida financeira, não é apenas nessas áreas que sinto o cuidado d'Ele. Sinto sua presença também no meu casamento, na minha família, nas minhas amizades e na minha vida como um todo. Comento com minhas filhas e funcionários que sou apenas um administrador de tudo o que Deus tem nos proporcionado, porque na verdade, tudo é d'Ele em minha compreensão. A partir dessa crença, continuo sendo funcionário dentro de minhas próprias lojas.

Como empresário, aprendi – e continuo aprendendo todos os dias – o valor de não desanimar diante dos desafios e a focar no retorno que o esforço de hoje trará amanhã.

Ser empreendedor, ainda mais em um país como o Brasil, realmente não é uma missão fácil. Lidamos com muita burocracia, altos impostos e, claro, as oportunidades de fazer dinheiro de maneira ilícita estão à espreita. Mas isso foge totalmente do propósito que Deus tem quando motiva e encoraja um fundador para criar uma empresa.

Preciso honrar primeiramente a Deus, e não faço isso apenas quando passo a imagem de um homem que vai à igreja aos domingos e ora por seus funcionários durante a semana. Dar honra a Deus também é tratar bem cada membro da minha equipe, é ser honesto com cada funcionário e também com meus clientes. Não tenho dúvidas de que o coração do meu Criador se enche de alegria quando, além de ler a Palavra, orar e ir à igreja regularmente, também coloco em prática no meu cotidiano tudo o que tenho aprendido na caminhada com Ele.

Uma das coisas pelas quais prezo e compartilho com outros amigos empresários é a importância de andar na luz e fazer só o que sei que é certo.

Se o funcionário faz hora extra, sei que não devo criar obstáculos para pagar o que lhe é de direito, então pago e não crio empecilhos.

Os valores semeados nos começos humildes se multiplicam diante da perseverança em trabalhar da maneira correta.

FÁBRICA DE SONHOS

À medida que lidávamos com as dores de nossas podas, víamos o quanto valia a pena renunciar a algumas coisas para realizar nossos maiores sonhos, nos surpreendemos com pessoas que, de alguma forma, passaram a nos ver como fonte de inspiração para realização de seus próprios sonhos.

Uma dessas pessoas foi João Carlos, irmão de Sabrina, que, quando ainda era recém-casado, nos pediu orientação em relação à sua carreira profissional e nós o aconselhamos. Na época, ele trabalhava com os pais no negócio de bolsas, mas, assim como nós, não queria mais atuar nessa área e precisava contar com um ganho fixo, algo seguro para sustentar a casa, a família e pagar as contas.

— Queria trabalhar com vocês e receber um salário, porque vejo o quanto estão crescendo e tenho certeza de que posso aprender muito e ainda ter a segurança para pagar as contas do mês. Não importa qual será minha função na loja, podem ter certeza de que vou vestir a camisa da empresa. - ele disse.

— Então vamos nessa, meu irmão! Se você está com essa vontade de trabalhar, é de gente assim que precisamos conosco. - respondi.

— E vou começar fazendo o quê? - me perguntou.

— Por enquanto, você vai para Caxias aprender como funciona nosso trabalho. Vou te ensinar tudo.

Assim, começou a trabalhar na Lu Rodrigues. Na época, o coloquei nos bastidores, assim como eu comecei, engraxando sapatos. E como ele realmente *estava disposto a desempenhar qualquer função na empresa, não desanimou quando viu o trabalho que teria de fazer. A experiência de trabalhar conosco foi muito boa; e um fato interessante foi que, justamente naquele tempo, ele sentiu-se motivado a voltar para a faculdade. Nós o encorajamos e ele terminou a graduação, que era seu sonho, e também se encontrou na área de marketing, passando a atuar nesse setor dentro da Lu Rodrigues, onde até hoje faz um trabalho incrível.*

Mas é claro que existe mais de uma forma de contar a mesma história e, sem delongas, passo a narrativa àquela que esteve lado a lado comigo a cada dia da trajetória. Com a palavra, Sabrina...

SONHO A DOIS

Sonhar a dois pode até parecer um verdadeiro "mar de rosas" nos filmes, novelas e romances, mas a vida real não é como um roteiro, que simplesmente tem a intenção de entreter e mostrar um "final feliz" – e talvez seja justamente por isso que a realidade é tão mais gratificante que uma simples ficção. A vida real é, com certeza, muito mais dura conosco, mas as conquistas que alcançamos nela também são bem mais saborosas.

É bem verdade que, no início de nossa vida a dois, ainda não tinha total noção do quão fortes poderíamos ser juntos. Por outro lado, sempre tive no coração a certeza de que sonhar – e realizar – de mãos dadas com o Marcelo valeria todo o esforço.

Foi por essa razão que segurei na mão de Marcelo para não o deixar voltar atrás na decisão que tomou de sair da sociedade em que nasceu a marca da Lu Rodrigues, para seguirmos juntos nosso sonho. Foi por essa razão que segurei na mão dele e acreditei também quando me falou com toda a certeza que "não iria quebrar". Foi por essa razão que não me deixei abalar diante de cada renúncia que tivemos de fazer, diante de cada uma das dificuldades apresentadas a nós.

Naquela época, chegamos inclusive a cogitar vender nossa casa na capital e ir morar em Guapimirim, levar as crianças conosco e começar do zero. Mas, em vez disso, resolvemos vender a propriedade que tínhamos em Guapi, comprada anos antes com tanto esforço. Focamos em trabalhar, incansavelmente, até alcançar nosso objetivo.

Confesso que, se me perguntarem sobre todas as renúncias que tivemos de fazer, obviamente várias delas foram bem dolorosas no momento em que aconteceram, mas hoje sei que faria cada uma e todas elas novamente, porque, para nós, está mais do que provado que em cada uma dessas podas estava Deus nos preparando para crescer e frutificar muito mais, a fim de ter maturidade para lidar com o negócio que formamos e a marca que construímos. E também para conseguirmos sustentar a família que tanto amamos, não simplesmente na área financeira, mas também na área sentimental e espiritual.

Sonhar a dois é maravilhoso, mas você já realizou algo com os pés no chão? Por experiência própria, lhe digo, é incrivelmente edificante.

Sabrina Rodrigues

6

SONHO EDUCADO PELA FÉ... VOA

Quando deixamos de sonhar para nos tornar sonhadores de sucesso

"'Porque sou eu que conheço os planos que tenho para vocês', diz o Senhor, 'planos de fazê-los prosperar e não de causar dano, planos de dar a vocês esperança e um futuro.'"

BÍBLIA SAGRADA
(Livro do Profeta Jeremias, 29:11)

6

Desde que tornamos a Lu Rodrigues uma marca independente até os dias de hoje, tivemos a alegria de ver a empresa crescer de maneira sólida e segura. A cada dia, vejo a concretização da revelação que nos foi dada por aquele pastor, quando ainda era funcionário da outra empresa.

É claro que o cumprimento da promessa dada por Deus não ocorreu enquanto permanecemos sentados no sofá, sem a dedicação e o esforço necessários. Nosso provedor é bondoso e misericordioso, mas também precisamos fazer o que nos cabe, seja trabalhar de sol a sol ou continuar fazendo renúncias e investimentos, porque isso tudo faz parte do processo.

Além do trabalho duro, o aprimoramento da visão estratégica sobre o negócio e a vida de modo geral são essenciais para que o crescimento continue. Isso é tão importante quanto haver comum acordo entre as partes que compõem a parceria. Seja para abrir uma nova loja ou comprar ou vender qualquer coisa, eu e Sabrina estabelecemos um pacto de que precisaria haver concordância entre nós, além de colocarmos o plano diante de Deus em oração, já que acreditamos que Ele também fazia parte dessa parceria de negócios e vida.

Até mesmo a escrita deste livro – que exigiu investimento de tempo e esforço – foi decidida depois de bastante conversa, oração e, principalmente, o entendimento de que nossa história poderia realmente ser edificante para a vida de outras pessoas. Tudo começou quando estava na casa de um amigo, em um domingo à noite e, após contar um pouco da minha história, o ouvi dizer:

— Marcelo, tua história é muito forte. Você já pensou em escrever um livro sobre ela?

De início, aquilo me pareceu um pouco estranho, porque até então tinha mesmo pensado nessa possibilidade, mas deixei a ideia guardada em meu coração. Porém a conversa com esse amigo acabou reavivando mais esse sonho. Na semana seguinte, pela manhã, encontrei-me com outros amigos, que também ouviram um pouco da minha história e deram exatamente a mesma ideia, com o importante detalhe de que não conheciam o amigo da noite anterior nem sabiam que já tinha ouvido sobre isso.

— Marcelo, sua história dá um livro, com certeza. Seu testemunho pode motivar outras pessoas. – eles também disseram.

Desde aquele momento, fiquei muito feliz, porque havia conversado com Sabrina sobre o assunto e colocamos a ideia em oração diante de Deus. Na verdade, a fala dos meus amigos só fortaleceu um sonho que já existia dentro de mim, e minha oração passou a ser para que Deus me desse condições e colocasse em meu caminho pessoas que pudessem orientar nesse novo projeto. A resposta veio quando encontramos as pessoas certas, que nos ajudariam a tornar também esse sonho em realidade. A cada capítulo escrito, fui vendo aos poucos o sonho mais próximo de ser alcançado e concretizado.

Minha vida passou então a ser escrita e desenhada em letras... E você, leitor, agora também faz parte dela.

PESSOAS ESTRATÉGICAS

Meu breve testemunho sobre a construção deste livro se tornou um bom exemplo do quão importante é um bom alinhamento entre oração, planejamento e ação para realizar sonhos que são semeados em nosso coração. Além disso, é imprescindível também estar atento às pessoas ao nosso redor – que podem ser estratégicas na realização desses planos – porque certas etapas dos processos nós até enfrentamos sozinhos, mas não conseguimos realizar nossos sonhos completamente sem a ajuda de outras pessoas.

Sempre que falo sobre a importância de colocar nossos sonhos e planos diante de Deus e interpretar a confirmação ou negação d'Ele, não me refiro simplesmente a essa resposta divina como um momento mágico e sobrenatural, em que desce uma luz do céu e aquela "voz do além" fala conosco, como é possível ver por aí em muitos filmes.

Refiro-me aqui a momentos aparentemente simples, nos quais amigos ou parentes, pessoas mais próximas, nos trazem as exatas palavras que estamos precisando ouvir naquele determinado momento ou até mesmo em situações mais inusitadas.

Ou, ainda, essas palavras podem chegar pela boca de pessoas desconhecidas – como foi o caso do pastor Paulo, que saiu de Itaperuna e veio até o Rio de Janeiro somente para me entregar uma revelação.

É bem verdade que também existem pessoas um bocado mal-intencionadas, querendo atingir para si certo "status espiritual" e que acabam distribuindo por aí revelações falsas. É por esse e outros motivos que precisamos ter um relacionamento bem desenvolvido com Deus, pois assim conseguiremos identificar se a palavra dada procede mesmo ou não do Criador ou será útil para nossas vidas.

Quando recebi a revelação do pastor, por exemplo, não passei a viver totalmente em função dela. Guardei-a no coração e confiei que Deus a cumpriria em algum momento. Hoje, percebo claramente que todo o meu esforço, trabalho e caminhada seguem para o cumprimento do que me foi passado naquele dia.

A fé vem em ouvir a palavra que sai da vontade divina. E é essa fé que nos dá forças e energia suficientes para vencer os obstáculos, rumo ao propósito de Deus na vida de cada um.

VIDA TRANQUILA EM GUAPIMIRIM

O cuidado divino sobre mim e minha família tem se revelado em cada detalhe. Exemplo disso é quando vejo que Ele nos surpreendeu com bênçãos que sonhávamos, mas não imaginávamos conseguir de modo tão incrível. A compra do nosso sítio, em Guapimirim, por exemplo, teve um significado muito forte para mim, porque esse retorno à minha cidade natal era um sonho antigo e de valor imenso para mim.

Tinha conseguido antes comprar uma casa em Guapimirim – dentro de um condomínio – mas tive que abrir mão dela no momento em que tomei a decisão de seguir sozinho na Lu Rodrigues. Entretanto, certo dia, o corretor da imobiliária pela qual eu havia conseguido vender a tal casa me ligou.

— Marcelo, estamos com um terreno à venda aqui em Guapimirim, com uma casa já construída. – ele me disse ao telefone.

Ao ouvi-lo falar sobre o terreno, fui logo despertado para a possibilidade de comprar um sítio na minha cidade natal.

— Talvez não tenha o dinheiro para comprar esse sítio à vista, mas não custa nada conhecer o local e saber o preço. Nem que seja para me organizar e traçar um plano para comprá-lo futuramente. – pensei.

Conversei com Sabrina sobre o terreno, comecei a orar por essa compra e agendei uma visita ao local. Chegando lá, descobri que o sítio era de uma senhora idosa, que estava pedindo uma quantia significativa pela propriedade.

O terreno realmente era bem espaçoso, dando a possibilidade de fazer ali um sítio da maneira que sempre sonhei. Mas, pelos meus cálculos, não conseguiria pagar o valor que a proprietária pedia. Então fiz a ela uma contraproposta.

— Te pago X neste terreno com a casa. – disse.

— Está bem. Mas isso é à vista, certo? – ela perguntou.

— Não. Não posso pagar à vista. Consigo pagar esse valor em 24 parcelas. – respondi.

De cara, ela não aceitou a proposta, alegando que, para um pagamento a prazo, o valor que ofereci estava muito abaixo do anunciado. Disse a ela que entendia seu posicionamento e deixei meu contato, para, caso mudasse de ideia, me procurar. Um tempo depois, ela me ligou novamente, aceitando a proposta.

A compra desse sítio significou – e ainda significa – muito para mim, me trouxe um alto sentimento de realização, de estar reconectado à cidade onde nasci e passei por tanta dificuldade. Além disso, esse lugar é agora como um refúgio para mim. É o local para onde vou, desligo o celular, esqueço os problemas e a correria do cotidiano e me dedico a cuidar da horta, dos cavalos, cabritos, patos e galinhas que crio, naquele meu pedacinho do céu na Terra.

Durante o período em que o comércio precisou ser fechado, em razão da pandemia da Covid-19 (2019/2020), por vários dias permaneci nesse sítio, buscando paz e tranquilidade em momentos tão turbulentos.

É na tranquilidade, no silêncio e na paz interior que posso ouvir melhor a Voz do alto, discernir com clareza o que estou ouvindo e separar a "minha vontade" daquilo que é melhor para mim e para minha família.

DE VOLTA ÀS ORIGENS

Muitos poderiam pensar que, depois de viver uma infância marcada por tanta dificuldade naquela região, jamais quisesse voltar àquele lugar quando estivesse em melhores condições de vida. Mas não culpo minha cidade nem meus conterrâneos pelos tempos difíceis que enfrentei. Gosto de pensar que, apesar das poucas oportunidades que tive naquela cidade, quando se abriu diante de mim uma porta para um futuro melhor, eu soube aproveitar.

Sou de Guapimirim e tenho muito orgulho de enaltecer minhas origens. Meus pais são de lá, minhas tias, minha irmã, meus primos, enfim, toda a minha família biológica. Então faço questão de estar com eles sempre que posso, para jogar bola na rua e convidá-los ao meu sítio, porque estar com gente querida é muito importante para mim. Não é porque vim para o Rio de Janeiro e consegui crescer na capital que me esqueceria do lugar onde nasci.

Vale lembrar também que esse meu retorno a Guapimirim não envolve qualquer sensação de triunfalismo, mas unicamente de autorrealização.

O que sinto é apenas gratidão, satisfação e pura alegria. Até tive, há um tempo, a oportunidade de comprar o sítio onde nasci e meus pais trabalharam durante muitos anos. Para algumas pessoas, isso poderia significar um verdadeiro triunfo, servir como um troféu. Mas entendi que não valia a pena relembrar tantos momentos e histórias difíceis simplesmente para satisfazer meu ego.

Em tudo o que faço, penso e ajo dessa forma. Se tiver que comprar algo, jamais será apenas para satisfazer meu ego ou formar um status social, mas, sim, para que eu e minha família possamos desfrutar de uma melhor qualidade de vida.

EMPRESA É NEGÓCIO, MAS É FORMADA POR GENTE

Ao investir, não o faço por soberba, da mesma forma que não sou empresário para me sentir superior a outras pessoas; sou empresário porque tenho paixão pelo empreendedorismo e pelo trabalho. Hoje, entendo que essa é uma forma de gerar mais empregos e fazer a diferença na vida das pessoas.

Na Lu Rodrigues temos nosso planejamento estratégico, registramos Visão, Missão e Valores da empresa. Porém faço questão de que esses fatores não sejam apenas palavras bonitas em um quadro, exposto no alto das nossas lojas, mas, sim, que sejam vivenciados diariamente pelas nossas equipes.

Sempre que há oportunidade, compartilho minha própria história de vida dentro do ambiente corporativo, justamente para mostrar aos colaboradores que prezamos por fornecer plano de carreira para todo funcionário que esteja realmente disposto e tenha o desejo de crescer.

Comecei nesse ramo engraxando sapatos, e hoje tenho meu próprio negócio, por que então outros funcionários não poderiam conseguir o mesmo feito? Busco deixar sempre claro que todos têm nosso apoio para conseguir esse avanço.

Na minha visão, quando um funcionário cresce e evolui, todos ganham com isso: a empresa, que ganha um funcionário mais qualificado;

o funcionário, que ganha por melhorar o salário e adquirir mais conhecimento; e a família do funcionário, que ganha mais conforto e um familiar realizado profissionalmente e, consequentemente, mais feliz.

Quando vejo jovens chegando às nossas lojas e sendo direcionados a engraxar os sapatos nos bastidores, busco encorajá-los, dizendo que não os quero ver naquela função por muito tempo; e que darei todo o apoio para que eles sejam promovidos a outras funções.

Certo dia, estava em reunião com um garoto que chegou à empresa e engraxava sapatos – assim como eu. Vi nele grande potencial, por isso, comecei a investir no jovem para atuar no atendimento, e acredito que ele ainda possa um dia se tornar gerente da loja.

Da mesma forma, temos uma funcionária que chegou à empresa como auxiliar de serviços gerais, passou para a lavanderia, trabalhou como estoquista, depois passou para o caixa e, atualmente, está prestes a ser promovida a subgerente.

O que mais quero é dar oportunidade para meus colaboradores! Não quero pegar ninguém de fora para ser gerente ou subgerente. Quero promover as pessoas de dentro da empresa, quero ver cada colaborador evoluindo, porque todos nós só temos a ganhar com isso.

FÁBRICA DE SONHOS

O fato de conseguirmos inspirar e encorajar pessoas a seguir seus sonhos tem nos proporcionado agradáveis e gratificantes surpresas. Uma das histórias que compõem esse quadro é da Geane, que conseguiu seu primeiro emprego como atendente em nossa empresa, mas sempre teve o sonho de seguir a carreira na Enfermagem.

Quando percebemos que ela não tinha muito jeito para atuar no atendimento, nós a transferimos para trabalhar mais interinamente, no escritório com a Sabrina. Era possível ver nas atitudes dela a gratidão por acreditarmos em sua capacidade, mas o sonho de ser enfermeira continuava vivo em seu âmago. Então, certo dia, ela nos abriu o coração.

— Seu Marcelo, dona Sabrina, vou precisar sair da empresa para me dedicar à enfermagem. – disse.

— Está bem, Geane. Você está certa. Corra atrás do seu sonho, não importa se ele está fora da nossa empresa. O importante é que você esteja realizada. – respondemos.

O tempo passou, perdemos contato com ela e não tivemos mais notícias. Durante a pandemia da Covid-19, em 2020, apresentei alguns sintomas da infecção pelo vírus e precisei ir ao hospital. Sabrina me acompanhou e, depois que a médica me consultou, quando já estávamos de saída, ouvi uma voz nos chamando. Era Geane.

— Seu Marcelo, dona Sabrina! – chamou.

— Geane? É você? – perguntei, após apertar os olhos e buscar a fisionomia dela na memória por uns segundos.

— Sim, sou eu! Depois que saí da Lu Rodrigues, consegui fazer o curso de enfermagem, me formei e agora trabalho nesse hospital. Sou muito grata ao apoio que vocês me deram. Posso tirar uma foto com vocês? – ela pediu, emocionada.

Aquele reencontro inesperado se tornou uma boa dose de alegria em meio à preocupação que tomava conta da população em todo o mundo. Nossos corações se encheram de gratidão naquele momento, pela vida dela e também pela certeza de que nosso propósito estava se cumprindo cada vez mais. Estávamos ajudando a realizar sonhos.

Realizamos sonhos não somente dentro do ambiente da Lu Rodrigues, mas na nossa vida de modo geral. Estávamos construindo uma fábrica de sonhos, na qual pessoas se encorajam a não apenas sonhar, mas também a realizar.

BÊNÇÃOS INCONTÁVEIS E A SIMPLICIDADE PERMANECE

Atualmente, a Lu Rodrigues está a cada dia mais consolidada como empresa e como marca, e meu sentimento de realização profissional é bastante claro para mim. Isso se evidencia ainda mais quando vejo pessoas que me procuram com o objetivo de pedir orientações sobre seus próprios negócios, ainda que sejam de outro ramo.

Creio que se hoje sou bem-sucedido como empresário, isso não se deve apenas à técnica, estudo e conhecimento teórico, mas também à vivência, dentro e fora do ambiente corporativo. Tanto eu como Sabrina passamos por diversas situações em que fomos desacreditados pelas pessoas – muitas delas até próximas a nós – que diziam que não conseguiríamos avançar ou que nosso destino seria continuar vendendo produtos pirateados pelo resto da vida.

Quando olhamos para nossa situação atual, bem posicionados no mercado, com uma condição financeira mais estável, e também com nossa família fortalecida, nos sentimos abraçados pelas bênçãos derramadas por Deus em nossas vidas.

Não nos vimos contabilizando bênçãos, porque não as vimos como algo que se mantém em uma conta-corrente ou na poupança. Mas nos alegramos em perceber o quão trabalhoso é tentar contá-las, porque elas não estão apenas na compra de um sítio ou na abertura de uma nova loja, as bênçãos também estão nas minhas filhas bem-criadas, encaminhadas na vida; estão na consciência de que eu e Sabrina inspiramos outros casais que ainda estão iniciando sua vida a dois; em poder receber amigos e parentes para um almoço em casa ou um churrasco no sítio de Guapi; em poder me sentar com a família para simplesmente desfrutarmos de um belo tempo de qualidade, assistindo a um filme ou em volta de uma mesa farta para apreciar um café da tarde.

Para ser bem sincero, chegando ao final deste livro, percebo o quanto essa escrita me fez recordar de boas e fortes lembranças, porque pude ver a vida passar diante dos olhos como uma agradável minissérie que assistimos aos poucos na TV, como fazíamos naqueles tempos em que ainda precisávamos esperar a hora da programação do canal para ver e não podíamos simplesmente acessar uma dessas plataformas de *streaming*. Assim foi – e continua sendo – minha vida… O esperar e o agir, no momento certo, sempre pedindo o direcionamento de Deus.

A verdade é que, atualmente, mesmo sendo de uma marca já consolidada no mercado como é hoje a Lu Rodrigues, não vejo porque deixar de ser um homem simples, que mantém os colaboradores por perto e que volta a Guapi para jogar bola na rua ou nos campinhos de várzea. Não creio que isso vá ferir de maneira alguma minha imagem como empresário. Pelo contrário, na minha opinião, isso só me ajuda a manter sempre em mente a importância de ser acessível e lembrar de onde vim.

Na loja, continuo trabalhando como se fosse um atendente, ajudando o cliente a se vestir, me abaixando para amarrar os sapatos dele ou dobrando a bainha das calças. Não me sinto menor por isso. Mais do que isso, faço tudo com grande satisfação porque faço pelo negócio que é a realização do meu sonho. Sem dúvida alguma, amo o que faço.

OS SONHOS DE HOJE

Talvez, há quem pense que minha lista de sonhos a serem realizados está diminuindo. Porém confesso que ainda tenho muito a realizar, porque a lista não diminui, só aumenta a cada dia. E essas realizações vão muito além de ver meu Mengão campeão mundial!

Este livro, como disse, é também a realização de um sonho, mas há outros tantos ainda a serem realizados depois e que já estão cada vez mais fortes em meu coração. Um deles é que minha história chegue a quem precisar ouvi-la, que este livro chegue às mãos de pessoas que estão com dificuldade de continuar sonhando, e também daquelas que estão em plena realização e não querem se acomodar.

Sonho também em seguir ministrando palestras, como já ocorreu outras vezes. A primeira palestra que dei, no município de Valença, aqui no Rio de Janeiro, foi uma experiência extremamente enriquecedora para mim. E essa vivência positiva foi muito além de subir no palco para falar. Sinto que ali semeei sonhos e fiz contatos, não apenas com grandes empresários, mas também com jovens empreendedores, que muito me emocionaram com suas histórias de superação. A identificação com alguns deles foi quase que imediata.

> *Confesso que não sei exatamente o que Deus tem reservado para meu futuro em seus planos, mas sinto que há ainda muita coisa boa para acontecer e, sem dúvida, isso inclui cooperar com as pessoas, inspirá-las e encorajá-las a sonhar, porque é possível, sim, realizar.*

Atualmente, vejo muitos pequenos empresários me seguindo nas redes sociais e pedindo informações e orientações, e nesses momentos me sinto grato por poder interagir com eles e os ajudar a perceber o quanto podem crescer em seu negócio.

O que vai acontecer, de agora em diante, eu não sei, mas, quanto a isso, me dou o benefício da dúvida e se de uma coisa tenho certeza é que Deus vai fazer sempre o melhor.

SONHADOR INCANSÁVEL

As experiências como palestrante trazem, para mim, grande prazer e sentimento de realização; portanto, sigo investindo no desenvolvimento diário. Mas não quero que isso afete o crescimento da marca que construí com tanta dedicação ao lado da Sabrina. Atualmente, a Lu Rodrigues está mais perto do que longe de cumprir a tal revelação sobre as dez chaves, que nos foi passada tantos anos atrás.

Confesso que cheguei a comentar com Sabrina que talvez não fosse uma ideia tão boa chegarmos a dez lojas...

— Não quero mais trabalho do que já temos, Sabrina! Todas essas lojas já estão ocupando muito do nosso tempo. – cheguei a comentar com minha esposa.

— Mas Marcelo, veja só quantas pessoas ainda precisam de emprego. Nós podemos ser a oportunidade de muitos. – ela respondeu.

Mais uma vez, Sabrina mostrou sabedoria em suas palavras, e me lembrou de que a Lu Rodrigues tem a importante missão de trazer qualidade de vida à nossa família, mas também de proporcionar transformação nas vidas de outras pessoas, para assim fazermos diferença na sociedade, da forma que podemos. Então estou decidido de que ainda não é a hora de parar de crescer, e minha intenção é abrir o máximo de lojas que conseguir, a fim de gerar empregos ao máximo de pessoas possível.

Além disso, mais do que gerar empregos, buscamos também criar um ambiente corporativo saudável, inspirar pessoas a crescer e ir além, a entender que a vida não é simplesmente trabalhar e pagar contas, mas evoluir, se relacionar bem com o próximo e passar essa geração de oportunidades adiante.

Muitas pessoas olham para os empresários e os julgam como vilões, como opressores da classe trabalhadora, mas eu – assim como tantos outros empreendedores de boa índole – me sinto com a missão de mudar esse cenário. Além disso, buscamos semear princípios nos corações das pessoas, para que elas valorizem suas famílias, cuidem bem de seus lares e de si mesmas.

A empresa Lu Rodrigues segue como uma fábrica de sonhos. Quanto a nós, eu e Sabrina, seus fundadores, jamais deixaremos de sonhar.

Sonhos não dependem de idade, localização geográfica ou classe social. O melhor de sonhar é que não nos custa nada, e pode nos mover para alcançar nossos objetivos.

Tenho o costume de anotar meus sonhos em um papel e os colocar dentro da Bíblia. Tudo o que desejo realizar, coloco em oração diante de Deus e procuro por direcionamento para que – caso haja propósito d'Ele nesse sonho – possa realizá-lo da melhor forma.

Quando peço direcionamento de Deus para realizar meus sonhos da melhor forma, obviamente isso também inclui meus negócios, porque a Bíblia contém diversas passagens com conselhos muito úteis para o meio corporativo! E posso afirmar, com toda certeza, que tem sido justamente o fato de prezarmos por esses princípios que nos ajuda a crescer tanto quanto temos crescido até aqui.

SONHADORES DE SUCESSO

Não me canso de afirmar que sempre vale a pena seguir sonhando, independentemente de idade ou classe social. Mas é válido destacar que há uma diferença entre o sonhador por si só e o sonhador de sucesso.

Se tenho um sonho, mas permaneço sentado esperando que tudo caia do céu, ele não vai se realizar. Sonhar pode ser bom e é muito importante, mas não é suficiente por si só. É preciso sonhar planejando, pensando em qual fase do processo pode ser realizada nesse momento. Há inclusive pessoas que espiritualizam essa questão além da conta.

— Estou orando para conseguir um bom emprego. – muitos dizem.

É verdade que a oração tem grande importância, mas enviar currículo para as empresas também é essencial. Deus se agrada muito das nossas orações, mas também não dispensa ver nosso esforço.

Sonhar e não arregaçar as mangas para realizar é como desenhar uma linda casa na planta, mas não fazer nada para construí-la de fato.

Considero que, mais que apenas saber sonhar, um sonhador de sucesso é aquele que mostra com suas atitudes o quão forte aquele sonho realmente brota em seu coração. É aquele que sai de sua zona de conforto, se organiza, se planeja e conversa com pessoas que talvez possam ajudá-lo. Aquele que não descansa enquanto não alcançar seu objetivo.

SONHOS ALIADOS À FÉ PODEM VOAR

Sei que as pessoas podem confundir sonhar com ter fé, mas gosto de lembrar que essas são atitudes bem diferentes, porém que, quando somadas, criam uma fórmula ainda mais poderosa na vida do ser humano, um combustível capaz de levantar voos. Vejo essa verdade pela minha própria experiência, quando estive em busca de abrir nossa loja de São Gonçalo.

Geralmente, quando estamos à procura de um novo local para abrir uma unidade, buscamos visualizar nossa loja montada ali. Se isso não acontecer, já soa para nós como um sinal de que aquele local não é tão bom assim para funcionar como uma loja da nossa rede.

Sendo assim, visitei vários pontos na região e acabei encontrando a loja de que gostei, contudo o proprietário parecia irredutível, não queria aceitar minhas propostas. Eu já estava sonhando com uma loja naquela área e não media esforços para encontrá-la, mas, acima de tudo, tinha fé de que aquele ponto seria meu. Então comecei a orar incessantemente por isso, porque assim que eu e Sabrina entramos ali, conseguimos visualizar imediatamente nossa estrutura montada naquele local.

Fato interessante era que o proprietário nos passava até uma impressão de não estar interessado em alugar a loja, porque, enquanto recusava minhas ofertas de compra, dizia que a localização não era boa, o ponto era ruim, entre outras coisas.

— Pode ficar tranquilo, senhor, que aqui vai ser minha melhor loja. – respondia, com o sorriso no rosto.

Até que, certo dia, ele aceitou minha proposta e, enfim, fechamos negócio. Depois que assinamos o contrato, acabamos descobrindo que aquele local estava fechado, sem ser alugado há cerca de dez anos. Até mesmo o corretor ficou surpreso quando soube que a loja seria alugada para nós.

— Marcelo, não sei o que ele viu em vocês, porque ele simplesmente recusava qualquer oferta de compra ou aluguel. – comentou.

— Ele não viu nada em nós, viu em Deus. Não tenho dúvida de que tem a mão divina nisso tudo. – respondi.

Em todas as lojas que consegui alugar, o processo foi bem semelhante. Nós encontrávamos o ponto, entrávamos, sentíamos que ali seria um bom local para instalar uma unidade da Lu Rodrigues e, então, começávamos fazendo uma oferta. Muitos proprietários geralmente recusavam de início, mas nós seguíamos orando e insistindo, até que eles aceitavam e nós instalávamos a unidade.

Da mesma forma que oramos para que Deus nos direcione a um bom local, também pedimos a Ele que nos livre dos maus locais. Em diversos casos, percebemos nitidamente que, por mais que vejamos naquele determinado local uma boa loja, a negociação permanece travada. Então compreendemos que Ele está nos livrando de algo.

A oração não vai realizar por nós ou garantir que tudo aconteça como desejamos, porém ela nos orienta, fornece segurança e concede a persistência necessária ou a mudança de direção, a depender do caso.

APRENDENDO A SE TORNAR UM SONHADOR

Sempre que falo em sonhos, gosto muito de citar a importância de manter o foco. E não falo isso apenas como um conselho às outras pessoas, mas como uma palavra que se direciona antes de tudo a mim mesmo. O tempo todo me policio para manter o foco, porque o crescimento de uma marca traz consigo a ampliação de horizontes e possibilidades.

Falando de maneira simples e direta, se no início praticamente ninguém acreditava que minha empresa iria vingar, atualmente já perdi a conta dos convites que tive de recusar para investir em novos negócios. E por que recuso essa participação? Nem sempre o faço porque não acredito na competência do empresário que convida ou na viabilidade da ideia ou, ainda, por ser algo simplesmente fora da minha área ou falta o momento.

Escuto tantos jovens compartilhando comigo que sonham em ter o seu primeiro carro e me identifico com esses garotos, porque também já tive esse sonho na minha juventude. Mas além de sonhar, busquei planejar a realização desse sonho, que é a segunda atitude para realizar sonhos.

Então se um jovem quer comprar seu primeiro carro, precisa pensar em todo o contexto que envolve essa compra, porque não é simplesmente comprar o veículo. Essa aquisição envolve a necessidade de tirar a habilitação – o que atualmente no Brasil não é algo barato –, os impostos que todo carro traz consigo, que são IPVA e licenciamento, o seguro, a manutenção que o veículo pode exigir, entre tantas outras questões.

Planejar de modo simples significa que, se há um objetivo, preciso traçar uma meta a longo prazo, me dedicar a traçar o mapa para cumpri-la e saber onde estarão cada uma das metas a curto prazo. A cada pequena meta cumprida, se aproxima mais a realização da grande meta.

Feito isso, você precisará também saber o valor de cada uma dessas exigências, e como fará para cumpri-las, calculando o quanto tudo custará, considerando as despesas únicas e recorrentes.

A partir daí, vamos para a terceira atitude necessária para realizar seus sonhos: conhecer para agir. Pode aqui buscar o carro que teria um valor acessível para se encaixar ao seu orçamento, tanto em parcelas quanto em custos regulares e pontuais.

> *Sonhar sem foco, planejamento e conhecimento para a ação é permanecer constantemente no mundo das ideias.*

Se para os jovens a falta de foco é prejudicial na realização de seus sonhos, imagina então para os mais velhos, que já carregam consigo mais responsabilidades! Vejo tantos empresários que se lançam no mundo dos negócios sem planejamento e sem conhecimento enquanto agem – o quarto ponto importante para sonhar – que muitos acabam se frustrando por isso.

Eu mesmo acabei me livrando de ter quebrado meu negócio quando decidi engavetar por algum tempo o sonho de abrir a Lu Rodrigues. Na época, eu imaginava que essa realização estava sendo adiada simplesmente porque não queria formar concorrência diante da família que me acolheu com tanto carinho e me deu novas oportunidades. Com o tempo, percebi que precisava aprender muito antes de abrir meu primeiro negócio.

Quando apenas alimentava o sonho de ter minha loja de aluguel de roupas, ainda não tinha tanto entendimento sobre a gestão desse tipo de negócio, sobre a rotina de um estabelecimento como esse, sobre todas as operações – internas e externas – das lojas.

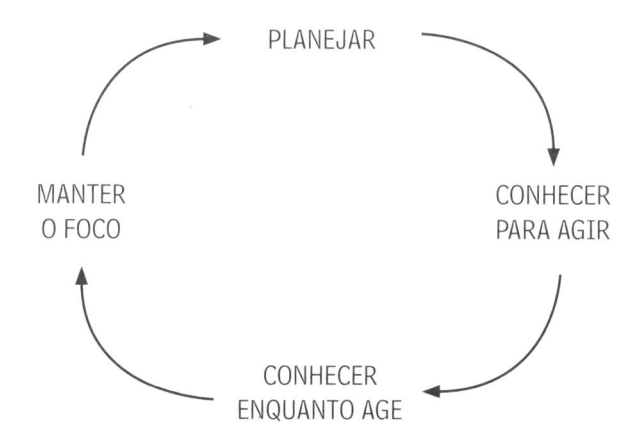

PLANEJAR → CONHECER PARA AGIR → CONHECER ENQUANTO AGE → MANTER O FOCO → (ciclo)

De fato, trabalhar como gerente, e depois administrar a loja como sócio, foi uma verdadeira escola prática de negócios para mim. Quando finalmente tornei minha marca independente, já me sentia muito mais seguro para avançar. Tal segurança não foi apenas impressão e a prova disso foi o significativo crescimento que tivemos logo no início.

De tudo isso, volto ao início e o que fica muito claro para mim é que tais conquistas ocorreram – entre outras razões – porque eu me mantive focado e me mantenho até hoje.

A essa altura do campeonato, você leitor já deve saber... não poderia deixar de fora a opinião dela, que foi um dos meus maiores sonhos realizados. Com a palavra, Sabrina...

SONHO A DOIS

Confesso que a escrita deste livro foi uma verdadeira revisão geral sobre muitas das conquistas que eu e Marcelo alcançamos juntos. E se ele destacou aqui que sonhos aliados à fé podem nos fazer voar, eu acrescento que voar a dois é muito mais seguro e mais potente do que voar sozinho.

Hoje entendo que sonhar e voar a dois é praticamente impossível, se isso não for feito em concordância. Imagine você se um avião decola com o piloto e o copiloto discordando sobre a rota a ser seguida ou o destino da aeronave. E então, depois de levantar voo, começam a discutir também dentro da cabine de controle.

Certamente essa aeronave corre o risco de ficar desgovernada e até mesmo cair, porque os tripulantes encarregados de fazer o voo querem seguir cada um para o lado contrário.

É sabendo disso que eu e Marcelo sempre buscamos concordância em nossas realizações. Obviamente, isso envolve que um de nós dois acabe cedendo em alguns momentos. Porém a decisão sempre foi tomada em acordo e prezando pelo que seria melhor para a nossa família naquele momento.

Essa concordância ocorre justamente porque cada um de nós reconhece suas próprias qualidades e defeitos, e entendemos assim como podemos nos complementar e formar um casal que prospera junto. Enquanto eu sou mais analítica, Marcelo é bem mais impulsivo e há prós e contras em cada um desses perfis.

Em certos momentos, é preciso parar e analisar, por isso ele acaba cedendo à minha decisão. Já em outros, é preciso criar coragem e agir, e então, eu cedo à decisão dele. Sem dúvida que essa maturidade, aliada a muita fé e entrega nas mãos de Deus, tem nos levado a realizar os nossos sonhos da melhor maneira possível.

Sabrina Rodrigues

Conclusão

SONHO BOM GERA RESULTADOS LONGEVOS

Após ler sobre a minha história e chegar até aqui comigo, deve ter percebido que, durante minha juventude, não tive grandes oportunidades de me dedicar à vida acadêmica, e acabei realizando muitos dos meus sonhos com a experiência que a faculdade da vida me trouxe.

Quando fui trabalhar com aluguel de roupas para festas – mesmo que engraxando os sapatos – comecei a aprender muito sobre o universo que é o aluguel de vestuário para eventos. Mesmo que ainda não fosse exatamente meu maior sonho, me dediquei tanto a esse trabalho que isso semeou no meu coração a paixão pelo empreendedorismo.

Então, dentro desse nicho, me especializei, e todo o nosso formato, tanto na parte financeira como na parte funcional, acompanho de perto, para que todos os setores estejam sempre conectados e isso desenvolva um ambiente corporativo harmônico.

Mas o fato de minha vivência dentro do mercado ter me trazido boas ferramentas para alcançar o sucesso com minha empresa não exclui a importância do aprendizado. Mesmo não tendo tido oportunidade de estudar em ótimas escolas na infância, e também não sendo o melhor aluno da minha turma quando consegui entrar para uma escola melhor, hoje entendo que nunca é tarde demais para aprender.

Se tenho a chance de assistir a uma boa palestra, foco minha atenção no conteúdo ali passado e busco adaptar aquilo para meu negócio. Atualmente, busco estar frequentemente atualizado e fazendo novos cursos, porque entendo que o mercado está cada vez mais dinâmico e se eu me acomodar posso "matar" ou estagnar aos poucos minha empresa.

Além disso, mesmo particularmente não tendo uma vasta carreira acadêmica, incentivei minhas filhas para que se formassem e também encorajo meus colaboradores a fazer o mesmo. Em muitos casos, ajudamos inclusive financeiramente, ou ajustando a agenda para que consigam seus diplomas. Com isso, toda a equipe estratégica da nossa empresa – exceto eu e Sabrina – já tem graduação, e tantos outros colaboradores também responderam bem a esse incentivo. Sem dúvida, isso traz grande contribuição para a Lu Rodrigues, porque quando investimos no preparo da equipe, estamos investindo na própria empresa.

Enquanto o aprendizado técnico e teórico é valioso por seu conteúdo, e apresenta um verdadeiro mapa, com as possíveis rotas a serem traçadas, o conhecimento prático tem seu lugar imprescindível na realização dos sonhos.

Lembro-me de que, quando minha filha Luana tirou a carteira de motorista, apesar de estar habilitada, ainda não tinha total segurança para conduzir um carro, justamente porque ainda não tinha tanta prática. Por isso, nos primeiros meses, ainda a acompanhei enquanto dirigia e até contratamos um professor, para ela tirar dúvidas ou lembrar de detalhes de que já havia esquecido.

Da mesma forma, quando ela se formou em administração na PUC-RJ, não foi logo trabalhar administrando nossa empresa, justamente porque ainda vinha com muitas informações teóricas, mas sem saber como aplicá-las corretamente no negócio de maneira prática. Somente após um tempo observando e conhecendo a rotina da empresa e das operações ela conseguiu ter uma visão mais segura para aplicar o conhecimento que adquiriu na faculdade.

Esse é um bom exemplo de que a realização dos sonhos não implica nos acomodarmos, mas, sim, continuarmos para gerar novos sonhos, a partir dessas conquistas. Um sonhador de sucesso entende que os sonhos formam ciclos.

Quando um sonho nasce em nosso coração, ele deve nos motivar a buscar um plano para realizá-lo, traçando metas a longo e curto prazo. Após realizá-lo, novos sonhos devem surgir, e assim seguimos, sempre motivados a crescer.

Exemplo disso é que um dos meus sonhos era comprar uma casa maior. Então eu me organizei, planejei e tracei as metas. E quando consegui comprá-la, parei de sonhar? Não, porque parar de sonhar é o primeiro passo para deixar de viver.

Passei a sonhar com minhas novas lojas e, a cada nova unidade que abrimos, dou lugar a novos sonhos, tanto dentro desses, que já foram conquistados, quanto para realizações totalmente novas.

É essa vibração, esse brilho no olho, esses sonhos a serem realizados e o desejo de estar sempre no centro da vontade de Deus que nos mantêm seguindo firmes, acreditando que, enquanto celebramos as nossas maravilhosas conquistas, algo ainda melhor sempre estará por vir.

Sonhar pode parecer algo subjetivo, difícil de ser medido, validado e quantificado. Alguns defendem a ideia de vender sonhos, como quando compramos uma bela roupa para uma ocasião importante, pagamos por uma viagem a tanto tempo desejada ou quando conseguimos investir em uma faculdade ou em um imóvel. Tudo isso envolve a ideia de "comprar" sonhos.

Porém, uma vez comprados, esses sonhos podem ser negligenciados ou abandonados, ou ainda pior: desvalorizados. Portanto fica aqui uma questão: "como cuidar bem de um sonho realizado?".

Vou defender minha ideia a partir da área empresarial em que atuo: locação de roupas. Quando o cliente aluga uma roupa, cuida bem dela por saber que não é sua, está apenas emprestada, por um certo período. Então, a partir da minha crença de que nada possuo – que Deus é o dono de tudo em minha vida: o tempo, a saúde, as habilidades e as oportunidades – eu me percebo como uma pessoa que aluga sonhos que não são unicamente meus, mas do Eterno. E incluem minha família e a sociedade. Se eu fechar uma empresa, prejudico os sonhos dos meus colaboradores, que estão em andamento.

A partir desse princípio, nada tenho, mas tudo possuo por um período determinado: meus sonhos são sonhos de aluguel; por isso, preciso cuidar de cada um com muito zelo e dando seu valor eterno e amplo.

Minha história não é só minha, mas também de todos que fizeram parte dela. Minha história pode não ser a única ou a história ideal, mas é a história real, de uma pessoa que o convida agora a viver seus sonhos com a responsabilidade e a dedicação que merecem!

Se puder deixar um conselho a você, leitor, é o seguinte:

Sonhe... Sonhe a dois, se assim lhe for possível, sonhe conjuntamente, sonhe com Deus, sonhe do jeito que for e como quiser... Mas não pare nunca de sonhar!

APRESENTAÇÃO DO AUTOR E SEUS CONTATOS

Marcelo Rodrigues começou no ramo como engraxate, depois passou a ser estoquista, até se tornar vendedor e depois ser promovido a gerente. E, no dia 26 de agosto de 2010, abriu sua própria loja – a Lu Rodrigues – em Duque de Caxias, na Baixada Fluminense. Com sete unidades localizadas no Rio e Grande Rio, a empresa promove eventos presenciais para noivas, debutantes e profissionais do ramo, além de investir em entretenimento com o lançamento de um *reality show*.

Casado com Sabrina Rodrigues, que também é sua sócia nos negócios, e pai de Luana e Ludmila, que inspiraram o nome da loja, Marcelo Rodrigues é evangélico e faz parte da Igreja Batista da Lagoinha, na Barra da Tijuca, zona oeste do Rio de Janeiro.

Atividades:
- Palestras e sessão de autógrafos

Contatos:
- E-mail: marcelolurodrigues@gmail.com
- Telefone: +55 21 96774-1662

Instagram: @marcelolurodrigues